父母的格局

王劲松 / 编著

吉林文史出版社
JILIN WENSHI CHUBANSHE

图书在版编目（CIP）数据

父母的格局 / 王劲松编著 . -- 长春 : 吉林文史出版社，2023.5

ISBN 978-7-5472-9145-0

Ⅰ . ①父… Ⅱ . ①王… Ⅲ . ①家庭教育 Ⅳ . ① G78

中国版本图书馆 CIP 数据核字 (2022) 第 196647 号

父母的格局

FUMU DE GEJU

编　　著　王劲松
出 版 人　张　强
责任编辑　张涣钰
封面设计　郑金霞
出版发行　吉林文史出版社
地　　址　长春市净月区福祉大路 5788 号出版大厦
印　　刷　天津海德伟业印务有限公司
开　　本　640mm × 910mm　　1/16
印　　张　12
字　　数　117 千
版　　次　2023 年 5 月第 1 版
印　　次　2023 年 5 月第 1 次印刷
书　　号　ISBN 978-7-5472-9145-0
定　　价　69.00 元

前言

PREFACE

曾国藩曾说："谋大事者，首重格局。"为人父母者，养儿育女，可称得上是大事一件，父母的格局大小，很大程度上决定着孩子未来的高度。

曾经有一名记者在采访的途中看到了一个放牛娃，便走上前去询问："小朋友，你为什么放牛呀？"

放牛娃回答："为了挣钱。"

记者又问："挣钱干什么呀？"

放牛娃回答："为了娶媳妇。"

记者接着问："娶了媳妇以后干什么呢？"

放牛娃回答："生娃儿。"

记者最后问："生了娃儿干什么呢？"

放牛娃回答："放牛。"

很多人将这段采访当作笑话去看待，但若是站在育儿的角度上来看，这绝不是一个笑话，而是一个悲剧，父母只给了孩子这么大的眼界，所以孩子目光所及之处，除了放牛还是放牛。

就如美国石油大王洛克菲勒所说的那样："就某种意义而言，父母的位置决定了孩子人生的起点，父母在山顶，孩子不会生在山脚。"

因此作为父母，首先要成为拥有大格局者。何谓"格局"是什么呢？"格"就是人格，"局"就是眼界、胸怀。

拥有大格局的父母，具有长远的眼光，不急于一时，不会因为孩子三岁了还穿着纸尿裤而焦虑，因为只要孩子是一个健康的正常人，那么他迟早能够做到独立上厕所。这会令父母在处理孩子的问题上，更加理智，更加聪明，从而引导孩子做出更好的决策。

拥有大格局的父母，具有思想深度，不会满足于事情的表面，不会因为孩子跟自己顶嘴，就给孩子扣上“没礼貌”“不孝顺”的帽子，因为他们会挖掘孩子顶嘴背后的原因，去探寻孩子内心真实的想法。从而帮助孩子学会思考，学会辩解，让孩子拥有更强大的思考能力和表达能力。

拥有大格局的父母，具有正确的三观，不会用浅薄的观点去影响孩子，不会在孩子问自己为什么要上学时，只告诉孩子上学是为了找工作，是为了挣更多的钱，而是告诉孩子学习是为了给社会创造价值，是为了成为一个有用的人，在一朝一夕的相处中，让孩子逐渐形成正确的人生观、价值观和世界观。

可以说，父母的格局决定了在养育孩子时自身的视野、态度和方法。父母养育孩子，不仅仅是让孩子健康不生病，吃饱穿暖，更应该考虑把孩子培养成什么样的人。

《父母的格局》这本书，基于对孩子个体生命价值的尊重和信任，分享了当前做父母所需要的智慧和能力，分别从六个角度——教养培养、激励学习、塑造自我、教育思维、性格养成和面对人生的态度——切入，全方位指导父母自我提升。

父母只有拥有敬畏之心，愿意学习接纳新知识，才能打破思维局限，提升自己的格局，进而为孩子画好人生起跑线，在育儿的道路上成为孩子的人生导航，支撑起孩子美好的未来。

目录

CONTENTS

第一章

父母的修养，决定了孩子的教养

教养，是现代人的软实力。在现代社会，人每天都要跟不同的人打交道，若孩子能够做到对他人体贴、周到、尊重、得体，久而久之就会拥有强大的人际吸引力。而良好的人际关系，是一个人最重要的外部资源。父母给孩子的教养，其实是为了他将来在社会上的生存发展铺路。所以不管是穷养还是富养，最终都不如教养。拥有了教养，无论孩子的出身和背景如何，他们都可以选择做一个更好的人。

懂礼貌的孩子走到哪里都受欢迎

俗话说："礼多人不怪。"礼貌是人际关系的桥梁，人与人之间的相处最重要的是互相尊重，只有礼貌待人，才能得到他人的以礼相待。而一个不懂礼貌的孩子，世界就为他关上了一扇门。

有网友在网上分享了一段她失业的经历。她是一名音乐老师，在一家私立学校实习时，她的业务水平是四个人里面最好的一个。实习期过后，四个人里只能留下三个，而她成为被淘汰的那一个。满心委屈的她找到了人力资源经理，不管结果如何，她就是想知道自己为什么会被淘汰。

人力资源经理告诉她，她之所以被淘汰，是因为大家都觉得她不太好相处。她从来都是一副高傲的模样，尽管她业务水平十分优秀，而作为老师，教得好是一方面，有亲和力也是一方面，没有孩子会喜欢一个看起来冷冰冰的老师，也没有家长会信任一个对人爱搭不理的老师。

听了人力资源经理的一番话，这个网友才明白，当你不愿意搭理这个世界的时候，这个世界也不愿意搭理你。可是从小就没有人教过她，要怎样跟别人打招呼。

小时候爸爸带她参加饭局，其他大人见了她，都笑眯眯地跟她说话，她却害羞地躲到爸爸的身后，爸爸只是宠溺地摸了摸她的头，为她解释道：“这孩子就是害羞，不爱跟人打招呼。不过我也懒得管她了，只要学习好就行了。”

这个世界上，最容易又最遥远的礼貌，就是开口叫人。礼貌，是孩子走进这个世界的第一张通行证；没有礼貌，只有一纸文凭和一身本领也难以在社会真正立足。古代教育家孔子在教育他的儿子孔鲤时，就说道：“不学礼，无以立。”意思是说，不学会礼貌礼仪，就难以有立身之处。

礼仪是我们中华民族的传统美德，从古至今源远流长，它能让一个人自觉地控制自己的言行，并使之符合道德行为的准则。而一个懂礼貌的孩子无论走到哪里都会受欢迎，别人也会对他产生好感，自然愿意与他成为朋友。

培养一个懂礼貌的孩子，需要父母从小就重视起来，在孩子开始学习讲话时，就教给孩子一些文明用语，比如："您好""请""谢谢""对不起""没关系""早上好"……在孩子再长大一些时，就要培养孩子在待人接物方面的言行举止了。他不但要注意个人卫生，还要注意保持公共卫生，不随地吐痰，不乱扔果皮纸屑等；乘坐公共交通工具时，懂得主动给老弱病残幼让座，排队不插队，遵守社会公德等。

培养懂礼貌的孩子，并不是一朝一夕的事情。需要父母长期的付出，在孩子做错时，耐心地指正；在孩子作对时，及时进行表扬。更加重要的是，父母还要充当孩子的榜样，以身作则。只有这样，孩子才能在父母的长期熏陶下，成长为一个真正懂礼貌、讲文明的好孩子。

涛涛在5岁之前，一直跟着奶奶住在乡下，后来因为要上小学了，妈妈才将涛涛接回身边。在奶奶的精心照顾下，涛涛长得虎头虎脑，机灵可爱，但就是有些不懂礼貌。在家里要吃什么，从来不会用礼貌用语，而是直接说："我要吃饼干。"

有一次，妈妈带着涛涛去参加一个聚会。在饭桌上，妈妈跟朋友正聊着天，涛涛拽着妈妈的衣袖说："我要喝饮料。"妈妈只顾着聊天，没有回应涛涛，涛涛便发起脾气来，把杯子往妈妈面前一放，大声命令道："给我倒饮料。"

这霸道的语言，立刻引起了全桌人的关注，大家纷纷向涛涛妈妈投来"同情"的目光，涛涛妈妈恨不得立刻找个地缝儿钻进去。

为了让涛涛早日养成懂礼貌的好习惯，妈妈可谓是绞尽了脑汁。一方面，她通过游戏、绘本等途径，让涛涛学会礼貌地待人接物；另一方面，她格外重视自己在涛涛面前的一言一行，生怕不好的行为影响到涛涛的成长。

在妈妈的努力下，涛涛渐渐开始改变。上了小学后，涛涛不但能够礼貌地对待老师和同学，还获得了"文明礼貌小标兵"的称号。

英国著名教育家洛克认为，礼貌是儿童与青年应特别养成的习惯。可见，人们都把文明礼貌看得很重要，所以，父母应当教育孩子从小讲文明懂礼貌，并且从自身做起，给孩子树立起讲文明懂礼貌的榜样。

父母平和的情绪，对孩子很重要

情绪，最容易暴露一个人的天性。为人父母，若总是不分场合，不分对象，随心所欲地抱怨、发脾气，那绝对是不会控制自己情绪的父母。但凡孩子犯一点儿错，就对孩子嘲讽打骂，那么孩子也学不会心平气和地面对生活中的一切。

相反，若是遇到事情，不轻易动怒，能够维持自己情绪稳定，那一定是拥有高情商和良好教养的父母。这样的父母，在教养孩子的过程中，能够做到不随便发火，永远保持一个平和的情绪，那么孩子也会成为一个能够控制自己情绪的人。

小鲁是出了名的好脾气。他的脾气有多好呢？有一次他和妻子吵起架来，妻子手中的碗碟扔向他，刀子差一点划伤他的脸，他也只是嘟囔了几句而已。

能够拥有这样的好脾气，小鲁十分感激自己的母亲，他曾说："我如今得到的好脾气，得感谢我的慈母。"

小鲁的母亲就是这样一个人，她 17 岁时嫁给了小鲁的父亲，生下了 5 个孩子。在小鲁 4 岁的那年，父亲去世了。母亲独自一人挑起了家庭的重担，一个才20多岁的女人，要面对家中的5个子女，那压力可想而知，但是小鲁的母亲从来没有在孩子们的面前露出暴躁愤怒的一面。

家中的大哥是个败家子，不但赌博，还抽鸦片，经常欠下一屁股债。父亲在世时，曾被气得想要打死他，被母亲拼命拦了下来。父亲走后，大哥更加肆无忌惮。每每到了过年的时候，债主就找上门来。大哥见状便悄悄溜出去，母亲一边操持年夜饭，一边对债主们好言相劝，一人给他们一点钱，然后和颜悦色地将他们送走。

债主走后，大哥才敢回家来，母亲见到大哥不责骂，也不生气，只是坐在一旁暗自垂泪。大哥见到，心中羞愧不已，渐渐地不再跟狐朋狗友玩在一起，改掉了身上的毛病。

大哥、二哥成婚后，两个嫂嫂经常将家中闹得鸡犬不宁。大嫂无能而又不懂事，二嫂能干气量却窄。两个嫂嫂经常因为一点儿小事吵架，小鲁的母亲便从中调节，因为婆婆为人和气，处事公正，两个嫂嫂总被说得心服口服。

千万不要认为这是小鲁的母亲性格软弱的表现，这只是她处理问题的一种方式。若是别人真的欺负到她头上来，她也会有力地反击回去。而且小鲁的母亲虽然脾气好，但是却从未放松过对小鲁的管教，小鲁若是犯了错，母亲对他的惩罚可一点也不轻。

因为母亲待人平和，很少大发雷霆，小鲁也养成了温柔的性格，身边的人都喜欢与他交往，甚至以成为他的朋友为荣。后来小鲁写了许多优秀的文章，有的文章被人抨击，小鲁也从不以为意，任由那人如何谩骂，他都完全不放在心上，只是一心一意地专心自己的创作，他的作品也越来越受到广大读者的欢迎。而起初抨击他的人，也渐渐被他的胸怀所折服。

父母拥有好脾气，就是家里最可贵的财富。父母若是随着自己的情绪好坏来教育孩子，那么孩子的成长过程一定无所依从，他搞不懂自己到底想要什么，也弄不清自己该怎样去迎合父母的脾气。

所以，我们教育孩子的过程当中，一定要学会控制自己的情绪，让自己拥有一个平和的心态去面对孩子，争取做到任何时候都能够理性地跟孩子进行交流和沟通，这样孩子才能在耳濡目染之下，养成心平气和的情绪，并且在今后的人生中能坦然地去面对困难、挫折和失败。

教养藏在孩子对他人的尊重之中

关于尊重，有这样一句话：

我以为别人尊重我，是因为我很优秀。慢慢地我明白了，别人尊重我，是因为别人很优秀。

越是能力卓越的人，越是懂得尊重他人。因为这样的人有大格局，心胸宽广，不会咄咄逼人，更不会试图用贬低他人的方式来抬高自己的位置。

人与人之间的相处，最基本的原则便是尊重。不管对方是谁，都能以平等的方式对待人，不表现出傲慢无礼的态度，这样的人无论走到哪里，都会得到他人的尊重。

在一场少年乒乓球比赛中，一个叫程娜的小女孩在经历了连续两场胜利后，有些骄傲起来，她不停地用挑衅的眼神看着对手李琦，还时不时露出轻蔑的笑容。然而，从第三场比赛开始，局面出现了翻转，她连输了两场比赛。之前那挑衅的目光变成了怒目而视，在对方一个漂亮的反击过后，程娜输得彻彻底底。

输了的程娜气得将球拍狠狠地砸在了地上，指着李琦说：“你等着，下一次你别想赢我一个球。”

面对程娜的气急败坏，李琦却淡定许多，没有理会她言语间的挑衅，而是礼貌地对着裁判员鞠了一个躬，然后将自己的球拍擦拭干净，放在了背包里，然后微笑着离开了赛场。

其实，孩子的教养并不是一朝一夕养成的。李琦从小在体育队练习打球的时候，妈妈就跟在她身边，只要她表现出烦躁的情绪，妈妈都会让她跟教练员道歉。跟其他学校小队员对战的时候，妈妈也总是要求她“胜不骄，败不馁”，但凡是她有不尊重对手的表现，妈妈都会很严厉地批评她。

赛场是一方小小的天地，但也是整个社会的一个缩影。真正的尊重，是一种由内而外的修养，不管这个人是朋友，还是对手，不管这个人地位高低，也不管这个人是富贵还是贫贱，都能在相处的过程中，给他人留有余地，考虑他人的感受。

李世民是我国历史上著名的明君，国家在他的治理下，一派盛世繁华。李世民深知，想要这盛世久安，对子女的教育就不能松懈，所以李世民给子女们请的老师都是德高望重、学识渊博的人。

当时，太子的老师是李纲，李纲因患有腿疾，不能行走。李世民便特许李纲坐轿进宫讲学，还命令太子亲自前去迎接老师。要知道，在等级森严的封建社会中，除了皇帝和他的嫔妃、子女们可以坐轿子外，其他人进出皇宫时都是毕恭毕敬走路，更不要说坐着轿子出入了。

有一次，李世民听说他的四子魏王对自己的老师王奎不尊敬，十分生气，当着王奎的面批评儿子："以后你每次见到王奎，就如同见到我一样，应当尊敬，不得有半点放松。"经过李世民的一番教导，魏王再见到王奎时，变得十分恭敬。

李世民教子尊师被后人传为佳话，时常被提起。

尊重别人，才会赢得别人的尊重。孩子的成长过程，既是在学习如何尊重别人的过程，也是在体会自己为什么需要被尊重的过程。

因此，父母要为孩子营造一个互相尊重的家庭环境，做到夫妻之间相互尊重，尊重老人，也尊重孩子，不对孩子大吼大叫，不对孩子指手画脚。只有在充满了尊重的环境中长大的孩子，才能成为一个懂得尊重他人的人。

没有规矩的家庭，比贫穷更可怕

孟子曰："不以规矩，不能成方圆。"作为一个拥有几千年历史的泱泱大国，中国又被称为礼仪之邦，因为我们为人处世皆有规矩。规矩，是一种准则，更是一种分寸。人若是不讲规矩，就容易走入困境。

有的父母将规矩视为"桎梏"，认为规矩会扼杀孩子的天性，束缚孩子的自由，所以藐视规矩，认为孩子的成长不应该被条条框框所限制。在这样的思想支配下，一家动物园内就出现了这样一幕：妈妈为了让孩子更加清晰地看到大熊猫，就将孩子放到了围栏的内侧，结果孩子一不小心掉进了熊猫饲养池中。

熊猫们面对着这个"天外来客"十分好奇，纷纷上前围观，与此同时，妈妈正在奋力地将小女孩拉上来。所幸大熊猫只是感到好奇，而没有做出伤害小女孩的举动，否则后果不堪设想。

现实中这样的家长并不在少数，而这样自由长大的孩子，会遇到什么呢？前几年北京八达岭野生动物园发生的老虎吃人事件，就是最好的警示牌。不懂得遵守规矩，就会得到惩罚。

前世界首富比尔·盖茨曾说过：“身为父母，最重要的一项天职，便是在孩子年幼时，用规则来约束他们。”那些看起来鸡毛蒜皮的规矩，是一种约束，但同时也是一种保护。父母若是不给孩子定立规矩，那便是对孩子生命的极度不负责任。

一次聚餐结束后，妈妈们讨论起了自己的育儿经。一个妈妈说：“我儿子吃饭时，我不允许他浪费食物，食物掉在桌上，我都会让他捡起来吃掉。而且他在家里没有特权，饭桌上有什么饭菜，就吃什么饭菜，如果挑食，那就饿肚子。”而她的孩子现在才刚满3岁。

邻座的另一位妈妈，有些同情地说道：“这是不是太严格了，他才那么小，没必要定那么多规矩，等孩子长大以后，自然就会变好的。”

似乎很多父母都会用“他还小”“他还是个孩子”来为孩子不好的行为做开脱，仿佛“他还是个孩子”就是一块“免死金牌”，能够将孩子所有的错误都掩盖住。事实上，这不是尊重孩子的天性，而是父母不负责任的表现。

因此，针对邻座妈妈的说法，这位妈妈说道：“这是最基本的用餐礼仪，并不是什么规矩多。就像一棵小树一样，从小不修不剪，长大后就会歪歪扭扭。”

《逊志斋集》中写道：“爱其子而不教，犹为不爱也；教而不以善，犹为不教也。”有格局的父母不会一味地包容孩子做得不好的地方，他们会严厉地指出来，并要求孩子改正。因为他们知道，父母可以容忍孩子，但是这个社会不会。那些被父母包容的错误，就像一个定时炸弹一样绑在孩子身上，说不准哪天就让孩子自食恶果了。

一位特别著名的作家在教育子女方面，也十分注重规矩。她规定孩子们在学习的时候不可以玩耍，即便是孩子们的爷爷

奶奶远程特地来探望，孩子们也必须做完作业才能去跟爷爷奶奶玩。

从古至今，一个家族能够长盛不衰，在于他们拥有着自己的规矩。曾国藩的子孙八代中，无一人是“败家子”；颜氏家族延续繁荣了 500 年；孔氏家族绵延传承了 2500 年。规矩在无形之中牵动着每一个人的命运，有规矩的家庭再贫穷也会有发达的一天，因为心有敬畏；而没有规矩的家庭，即便再富有，也会有衰落的一天，因为家风不正。

所以，无论是贫穷的家庭，还是富裕的家庭，都要给孩子立下规矩。当孩子处处表现得懂礼仪有规矩时，人们不但会夸赞孩子，同时也会夸赞父母，因为别人所看到的，是我们整个家庭的良好教养。

孩子可以“熊”，家长不能“熊”

“熊孩子”三个字可谓是让人“闻风丧胆”般的存在，曾被人冠以地球上破坏力最强的小生物。而“熊孩子”之所以这么“熊”，大部分原因是他们的背后都站着一个“熊家长”。

网友小A曾在网上分享了一段自己乘坐高铁时的“遭遇”。在小A的座位后面，坐着三个八九岁的小孩，三个小孩中有两个还比较乖巧，只有中间的小男孩从一上车就不怎么老实，不但说话声音特别大，还总是踢前排的座椅。

但念在对方是孩子，小A心想：等孩子过了新鲜劲儿，也许就安静下来了，结果小男孩不但没有安静下来，反而越闹越厉害，还成功地带动了另外两个孩子。他们一边玩手机游戏，一边大声喊叫，声音中还夹杂着骂人的脏话，游戏输了就使劲儿地拍打和蹬踹前排的座椅，而孩子做这一切时，孩子的妈妈们就隔着一条过道看着，丝毫没有劝阻的意思。

小A忍不住回头对孩子们说：“小朋友，请小声一点儿，你们吵到其他人了。”

此话一出，小孩子们还没说什么，其中一个孩子的妈妈倒是不乐意了，说道：“你挺大一个人了，跟孩子计较什么呀？你没有孩子，怎么能懂孩子呢？再说了，你以后不会生小孩吗？你的小孩就不会闹吗？”

小A被这个无理还能辩三分的家长气得无言以对，跟小A同排坐着的乘客看不下去了，开口道：“小孩子不懂事，那大人也不懂事吗？这是公共场所，你是不是应该约束一下自己的孩子呢？”

见又有人指责她，孩子的妈妈更加咄咄逼人起来，说道：“是呀，小孩子不懂事，你做大人的也不懂事吗？跟一个孩子计较？

公共场所怎么了？现在又不是休息时间，还不能让人说话了吗？那么怕吵，你把整节列车都包下来呀？包不起的穷人，就别那么多事。”

大家也许是从来没有见过这样蛮不讲理的家长，纷纷加入了指责他们的队列，有的说：“公共场合保持安静，是小学就应该懂的道理。”还有的说：“家长要给孩子做榜样，否则小孩子有样学样。”……

孩子的妈妈一看自己寡不敌众，便掏出手机，对着每一个指责过她的人说：“你们等着，我现在就把你们的样子拍下来，然后发给我老公，看他来了怎么收拾你们。”拍完照之后，孩子的妈妈又开始打电话叫人，说是在坐高铁时被欺负了，让人来给她出气。

后来车到站了，小孩跟着他妈妈一起下车，临下车前狠狠瞪了小A一眼，说道：“我坐这么多次车，还没人敢管我呢！你今天死定了。”

小A简直不敢相信，这样恶毒的话语是从一个小孩子的嘴里说出来的，再加上那个充满怨恨的眼神，小A不敢想这样的孩子到了社会上，会是怎样一番场景。

“熊孩子”不可怕，毕竟每个人都是从懵懂无知中走过来的，可怕的是孩子“熊”，家长也“熊”。如果说孩子“熊”是因为他们涉世未深，不懂得这个世界需要遵守规则，那么家长“熊”

就是他们愚昧无知，只注重个人利益，缺少公德素养和法纪规则，而这会使他们成为将孩子推进“火坑”的刽子手。

一个孩子的样子，反射的是一个家庭的面貌，今天你觉得孩子在公众场合吵闹不算什么，那明天你就会为自己种下的恶果买单。心理学家说：“年幼时的无意识破坏规矩，经过长辈溺爱的纵容，就是造成了熊孩子自我意识的扭曲。若不及时纠正，就会胆大至‘天下皆我妈’的程度。”

想一想《伊索寓言》中那个被判死刑的小偷，他的结果原本不该如此。若是在他第一次偷东西时，母亲就狠狠地责罚他，而不是笑着对他说别让别人看见，那么他就不会成为阶下囚。

作为父母，我们要守住教育的底线，不要无底线地纵容孩子。让爱与规矩并存，给孩子一个有教养、有底线的成长环境。那些曾经的“熊孩子”之所以渐渐变得不“熊”了，多半是因为在他们的背后，有耐心的父母对他们进行悉心教诲，让他们懂得了遵守公众秩序和社会规则。

心眼小的父母，孩子难成大器

在杭州一家商场的游乐场内，一个小女孩不小心踩到了一个小男孩的脚，小女孩的妈妈为此一直向小男孩道歉，但是小男孩的妈妈却不依不饶，不断冲着女孩的妈妈歇斯底里地大叫，期间老公出言阻止她，还被她一把甩开。原本只是被踩了脚，并没有什么大碍的小男孩，见到妈妈这副样子，吓得直哭。

不过是小孩子之间无意的碰撞，但孩子家长执着于孩子受到的那一点儿疼痛，却丝毫没有顾及这样的自己会给年幼的儿子留下怎样的印象呢？孩子除了一时的害怕，还会学会母亲在处理这件事情时的态度，将来别人踩了他一脚，那他必定认为只有踩回去自己才不算吃亏。

陈希夷在他的传世之作《心相篇》中讲道：“较量锱铢，岂足期乎大受？”“锱铢”是古代的重量单位，锱为一两的四分之一，铢为一两的二十四分之一，比喻极其微小的数量。这句话的意思是说，斤斤计较，为一点儿小利争个不休的人，其格局就如小蟑螂、小老鼠一般小，天生器量小，不堪大受，过分要求会要了他的命。量小必薄福，喜欢斤斤计较的人，都享不了大福报。因为性格决定命运，爱斤斤计较的人只顾着眼前的利益，眼光不够长远，难成大事。

而孩子最初的行为方式，都是从父母的身上模仿来的，不管是待人接物，还是学习生活，都是从父母那里学习到相应的行为方式。如果父母待人做事斤斤计较，没有气量，时间久了孩子也会变得心胸狭窄，胆小懦弱，并且同样爱计较。

如果父母在生活中宽容大度，遇事不斤斤计较，与邻里、朋友相处融洽，那么孩子就会学着父母的言行方式去处理自己和他人之间的关系，也会变得宽容友善，乐于与他人相处。

莫言是中国当代的著名作家，诺贝尔文学奖的获得者。在诺贝尔文学的颁奖台上，莫言说起了自己的母亲。

在莫言童年的记忆里，母亲是一位十分宽厚的人。小时候，莫言跟着母亲一起到集体的麦田里捡麦穗补贴家用，结果被看守麦田的人发现，捡麦穗的人纷纷逃跑，但莫言的母亲是小脚跑不快，结果被看守麦田的人抓住了。那个五大三粗的男人上来就给了莫言母亲一巴掌，直接将母亲打倒在地，然后没收了麦穗，吹着口哨扬长而去，母亲无力反抗的样子给莫言留下了刻骨铭心的记忆。

时隔多年后，莫言在集市上碰到了那个曾经的看守人，只是此时的看守人已经白发苍苍，早已经没有了曾经的强壮，莫言想到曾经的屈辱，想要上前去报仇时，却被母亲一把抓住了，母亲说：“儿子，那个老人不是曾经打我的那个人。”

莫言不信，他记得很清楚，那绝对就是一个人，但他随即也明白了母亲的意思，此时的老者确实已经不再是那个意气风发的看守人了，所谓“得饶人处且饶人”，莫言深深佩服母亲的大度，从此放弃了寻仇的想法。

还有一年中秋节，莫言家里难得包上一顿饺子，家里每人只能分上一小碗。正当他们打算吃饺子的时候，一个乞讨的老人来到了莫言家门口。莫言拿出半碗白薯干给老人，结果老人却不愿意了，说："我是老人，你们吃饺子，却给我吃白薯干。你们的心是怎么长的？"

莫言听了这话十分生气，说道："我家一年也吃不了几次饺子，一人才一小碗，我们自己都吃不饱。给你白薯干已经不错了，你要就要，不要就滚！"母亲听了莫言的话，训斥了莫言，并将自己的那半碗饺子倒进了老人的碗里。

莫言的母亲做到了"不与无礼之人争长短"，有这样的母亲，莫言自然也变成了一个不爱与人计较的人。长大后他到了城里，因为相貌丑陋，经常被一些有文化的人在背地里嘲笑，莫言不但没有因此而气愤，反而找了个时间，专门向那些嘲笑他丑陋的人道了个歉。

过去人总说："宰相肚里好撑船。"越是心中有大格局的人，越是不会为世俗的小事斤斤计较。如果父母想要将自己的孩子培养成为胸怀宽广的人，那么在教育孩子的过程中，就要做到待人宽容大度，不计较个人的得失，也不要一味地指责孩子的过错和不足。只有这样，孩子才能成为一个胸怀宽广、不爱斤斤计较的人。

有爱心的孩子，更加有担当

“爱”是人类社会不可缺少并且举足轻重的存在。哈佛大学教育研究院发表了一项研究成果：对2000名成功人士进行了一项调查，结果表明，这些人在小时候，比同龄孩子表现出更多的善良和同理心，更关心他人，更有爱心。

蔡特金是德国工人运动和国际工人运动杰出的女活动家，德国共产党的创建人之一，她为国际妇女运动作出了卓越的贡献，是三八国际劳动妇女节的创始人。

蔡特金小时候，和父亲一起去逛街，见到了一个小报童，这位小报童穿着又脏又烂的衣服，样子十分可怜。小蔡特金动了恻隐之心，她把自己平时积累下来的零花钱拿了出来，一下子买了小报童七份报纸。

父亲看到小蔡特金的举动后，感到十分好奇，便问道：“你为什么要买那么多报纸呢？一份不够吗？”

小蔡特金以为父亲要批评她乱花钱，低着头不敢再说话。父亲忽然间明白了小蔡特金的想法，于是连忙解释道：“孩子，你别误会，我知道你为什么买这么多报纸了，但是你给他七份的钱，只拿一份报纸不就可以了吗？其他的报纸他还可以拿去卖。”

听了父亲的话，小蔡特金恍然大悟，连忙取出了一份报纸，把剩下的还给了报童。

卢勤说：“孩子的爱心是稚嫩的，你在乎它，它就会长大；你忽视它，它就会枯萎；你打击它，它就会死去。”小蔡金特是幸运的，在她做出“浪费钱”的举动时，父亲不但没有批评她，反而告诉了她更好的做法。正是有了父亲的这份支持，小蔡金特才能一直秉持着一份爱人之心，去帮助更多的人，并且在帮助别人的过程中成就了自己。

如果一个人心中只有自己，只考虑自己的利益得失，那么他的世界就会变得很小，没有多余的力量去帮助别人，也没有多余的爱分给其他人，更没有多余的能力去承担更多的责任。只有心中有大爱的人，才能拥有海纳百川的胸襟去包容他人，才能在历史的长河中去引领他人。换句话说，一个有爱心的孩子，长大以后更具备当领导人的基本素质。

卢拉是巴西历史上第一位工人出身的总统，他在位期间发展了巴西的经济，减少了贫富之间的差距，为巴西带来了巨大的改变，是一位广受民众喜爱的好总统。

卢拉出生在巴西一个贫穷的农民家庭中，他上小学的时候，经常到街上去擦皮鞋，跟他一同擦皮鞋的还有另外两个小伙伴。这天，一个大老板来擦鞋，卢拉和另外两个小伙伴都围了上去，大老板拿出两元钱，决定找一个最缺钱的孩子为他擦鞋。

听了大老板的话，一个小伙伴表示自己一天都没吃东西了，再没钱买吃的，就会被饿死。另一个小伙伴则表示自己已经三天没有吃饭了，妈妈还生病了，所以也非常缺钱。轮到卢拉时，他却说："如果这两元钱让我挣到了，我会分给他们每人一元钱。"

卢拉的话让在场的人都感到很意外，卢拉接着解释道：“他俩是我最好的朋友，我中午还吃了点东西，而他俩却还饿着肚子，您就让我擦吧，我比较有力气，一定会让您满意。”大老板被卢拉感动了，让卢拉帮他擦了鞋，并支付给了卢拉两元钱，卢拉拿到钱后立刻将钱分给了自己的两个小伙伴。

几天后，这位大老板找到了卢拉，让他成为自己铺子里的学徒工，虽然工资不高，但是却比擦鞋强得多。再后来，卢拉通过自己的努力，成为一名工人，又从工人成为巴西的总统，带领着巴西一跃成为全球十大经济体。

不仅仅是卢拉，纵观世界上那些著名的领导人，无一不是极富有爱心的人，他们都是从一个有爱心的孩子，成长为一个“忧天下之忧，乐天下之乐”的领导人。

孩子的爱心是通过自然而然地模仿和潜移默化的渗透而逐渐形成的，是一个从外在到内在，从量变到质变的发展过程。我们不但要为孩子营造一个被爱的环境，更重要的是要让他们学会如何去爱别人。在这个过程中，家庭是最重要的爱心培育基地，父母是最直接的爱心播种者。在对孩子进行爱心教育的时候，父母要以身作则，在家庭中营造爱的氛围，感染孩子的心灵，用自己的行为教育孩子，起到示范的作用。

只有在“爱”与“被爱”的双重环境下，孩子才能拥有更宽广的胸怀，成为一个有爱心的人。

父母越守信，孩子越自信

中国青少年研究中心曾在全国调查中发现：中小学生最不满意父母的 12 种行为中，“说话不算数”占 43.6%，排在第一位。可见在孩子心中，父母的言而无信是让他们最为厌恶的行为。

这恐怕是很多父母都没有想到的事情，在父母看来，即便是答应了孩子却没能做到的事情，都跟孩子做了解释，但在美国作家罗兰·米勒的《亲密关系》一书中说道：“每当家长们以各种各样的理由爽约时，孩子在乎的从不是理由，而是结果。”

答应周末带孩子到游乐场去玩，但是周末到了，却因为单位有应酬，只能对孩子说：“爸爸下次再带你去玩。”说好孩子成绩进步了，就奖励给孩子一辆遥控汽车，等孩子拿着进步的成绩单回来时，却对孩子说：“家里都这么多遥控汽车了，就不买了吧！”

不管家长有多少理由，对于孩子而言都无法改变父母爽约的事实。父母一句随口的承诺，可能说完就完了，但对于孩子而言，他们却牢牢地记在了心里。因为孩子的世界很小，家有多大，孩子的世界就有多大，当孩子遭受到来自家庭的打击时，那种伤害简直是毁灭性的。

有些家长会认为孩子就爱“小题大做”。其实并不是孩子小题大做，而是在孩子心中，家庭有着十分重要的地位，特别是父母的承诺，并以此作为衡量自己在父母心中分量的标准。在孩子看来，父母爽约，就是对自己不够重视的体现，而父母的不重视，换来的就是孩子的不自信。

从心理学的角度来说，所有的小孩都有一种与生俱来的自卑感，他们需要借助外界的力量来增加信心。而父母就是他们在这世间最信任的人，是他们接触这个世界的第一媒介。父母许下的每一个承诺，都盛满了孩子的全部期待。来自父母的每一次欺骗，都足以压垮孩子的内心世界。

所以当父母一次次的失信后，孩子便会渐渐失去对父母的信任，同时也失去了对未来世界的信任，而他们自己也变成了一个不守信的人。

相反，父母若是重视自己的承诺，言出必行，那么孩子也会在潜移默化中被影响，长大后成为一个诚实守信的人。

有一位大学教授在回忆起自己的父亲时，提到了在他小时候发生的一件事。当时父亲忽然想到一道难题，便对他说：“你若是解出了这道题，我就奖励给你一支派克金笔。”

在当时那个年代，一支派克金笔是十分贵重的礼物。父亲之所以这样说，是因为他觉得以小孩子的水平，一定解不出这道题

来，答应奖励派克金笔，只是父亲激励他的一种方式。

但是令父亲没有想到的是，儿子居然解出了那道难题，父亲惊喜之余，拿出了自己珍藏了多年的派克金笔，送给他。对于孩子而言，派克金笔虽然贵重，但他更在意的却是父亲说到做到的作风，就像是给他上了一课一般。在他今后的人生道路中，他总是想起这件事，并以此来激励自己要成为像父亲一样说到做到的人。

德国有句名言："生命不可能从谎言中开出灿烂的鲜花。"为避免我们成为言而无信的父母，在对孩子做出承诺前，我们一定要慎重考虑，确定自己能够做到再答应孩子，若是不能做到，就不要轻易许下诺言，更不能为了达到某种暂时的目的，说谎诓骗孩子。

拥有诚实的品质，能让一个人的生命之花开得更加鲜艳，同时让孩子今后的道路越走越宽。

第二章

学习，是通往成功最好的捷径

对于孩子而言，学习是他们通往成功人生路最好的一条捷径。每个孩子都有一颗积极向上的心，他们渴望知识，渴望学习，渴望得到父母的肯定与表扬。如果在这个过程中遭遇了重重挫折，那么孩子的学习热情就会大打折扣。在学习这场持久战中，亲子关系永远优先于孩子的学业和成绩，只有亲子关系好了，教育才能真正开始。只有有格局的父母，才是孩子跑赢同龄人的助推器。

阅读，是回报率最高的投资

身为父母是否想过一个问题呢？20 年后，我们能够为孩子留下什么呢？车子、房子，还是票子？

或许不用等 20 年，3 年后我们就会发现当初买给孩子的东西，大部分都贬值了；10 年后，我们就会发现，当初孩子视若珍宝一样的东西，早就不知道被扔到哪里去了；20 年后，我们会发现曾经的奢侈品早就变成了旧物品，那些高端产品也变成了过时货……一切物质的东西在今天看来可能很重要，但是 10 年后，20 年后还同样重要吗？

父母能够留给孩子的最值钱的东西，不是物质财富，而是精神上的财富。对于培养一个孩子而言，阅读就是最好的投资。孩子从书中上学习到的知识，经过岁月的沉淀，成为孩子自身气质的一部分，影响着他的三观，让他逐渐与平庸拉开距离。

一个正在读高三的女孩迷恋上了网络直播，粉丝的拥护和打赏，让她体会到了赚钱的快乐，她觉得自己可以不用继续读书和考大学了，因为靠网络直播也可以养活自己。

得知这个消息的父亲在劝说女儿继续读书时，说了这样一段话：“你可以把时间用在跟这些古人圣贤交往上。现在网络上的一些观点似是而非，博人一乐，这个月看过了下个月都不想回顾；你如果读了书，有了分辨力，再去追求自己的梦想，有了自己的观点就不会人云亦云了，即便是考不上大学做网络直播，你也会与众不同。”

女孩不相信父亲的话，毕竟那些网络流行语代表着新潮，古人怎么能早早预料到呢？之后，父亲便给女孩举了几个例子。

什么“有钱任性”，就是古人所说的“家有千金，行止由心”；什么“我真是跪了”，就是古人说的“膝行而前，以头抢地”；什么“我读书少你不要骗我”，就是古人说的“君莫欺我不识字，世间安能有此事”……

前后一对比，平庸与不凡高下立现，这就是读书与不读书的区别。腹有诗书气自华，读书不但使人明智，能够让人忘忧，还能够提升一个人的气质。

刚上大学时，小琪有些默默无闻，因为外表并不算出众的她，难以引起其他人的注意。直到学校组织了一场诗歌比赛，让这个其貌不扬的女孩，一下子成为了学校里的“红人”。因为她能够出口成章，诗词歌赋随手拈来。在鼓励刚刚入学的学弟时，她引用了李商隐的诗句，说：“雏凤清于老凤声。”在老师们说出“天若有情天亦老”的词句时，她能够脱口而出“月如无恨月长圆”，紧接着又来了一句“天若有情天亦老，世间原只无情好”。

不单单是在场的学生，就连老师们都惊叹她拥有如此深厚的文学功底。小琪的“腹有诗书”跟她的家庭有很大的关系，小琪的父母都是中文系的高才生，在父母的熏陶之下，她从小就饱读诗书，不管是国外经典名著，还是我国的传统文化，都有所涉猎。

从开始识字起，父亲就让她每天抄成语、抄古诗，要求她大声朗诵并背诵下来，稍微大一点儿又让她抄古文。对于小琪而言，读书就像是吃一日三餐，一天不读书，就好像缺少了营养一般。上了大学后，只要有闲暇的时间，小琪除了读书就是不断充实自己的文化底蕴。

古人云："万般皆下品，惟有读书高。"书是人类进步的阶梯，读书的孩子，能够拥有更多的选择和逆袭的机会。而不读书，可能永远都是一只井底之蛙。纵观古今，但凡有所成就的人，大都喜欢读书。

有远见的家长甚至可以砸锅卖铁、倾家荡产，也要效仿"孟母三迁"送孩子去读书，可以少下一顿饭馆，少穿一件新衣，也要给孩子买书，因为他们明白，读书是人的一生中回报率最高的投资。

走出去，才知道世界有多大

读万卷书，行万里路。如果说，读万卷书能够提升孩子思想认识的深度，那么行万里路就能够开阔孩子视野的广度。

孩子所走过的路，最终都会成为他思想的一部分，见得越多，知道的也就越多，知道的事情多了，格局也就变得越来越大了。而一个见多识广的孩子，往往也更加自信，在面对新鲜的事物时，不会大惊小怪，他们有一颗强大的心脏，接纳和理解着这个世界上不同的面孔和不同的声音。

在日本东京的一家餐馆里，两个小男孩坐在一起等待开饭。

点完餐后，其中一个小男孩小声地模仿着服务员的英文发音，“刚才那个人把‘OK’说成‘奥给’。”说完，还捂着嘴笑了起来。

另一个稍微大一些的小男孩却不以为然，淡定地说：“每个国家的人发音都不一样，这很正常。”

说完，这个小男孩开始模仿不同国家的人对于“OK”的发音，学了有五六个国家。学完以后，整桌的人都被这个小男孩折服了，纷纷向他妈妈请教，这么“博学多才”的孩子是怎么培养出来的？

妈妈很谦虚地说：“就是因为工作关系，经常带他出门，去过不少地方而已。”

从后来的交谈中，大家才知道，这个小男孩不仅仅知道“OK”的各种说法，还知道非洲的野生动物如何迁徙，也知道很多地方的风土人情，堪比一本“地理图册”。

或许有的父母会说，带孩子走出去哪里是那么容易的事情？又要有时间，又要有金钱，而现实中大部分父母要么有时间没有钱，要么有钱没时间。事实上，带孩子走出去，不一定要花多少钱，也不会占用父母太多的时间。

如果经济能力不允许，那父母带孩子多去图书馆、博物馆走走也是好的；如果平时上班没有时间，抽个空带孩子去爬爬山、看一次日出也是可以的。再或者，利用每天散步的时间，陪着孩子去公园观察一棵小草的成长，一朵花的盛开，哪怕只是看一只蚂蚁搬运食物，都能让孩子对这个世界产生更加深刻的认知。哪怕就是带着孩子去参与一下环保活动，或是去养老院看看孤寡老人，都能让孩子认识这个世界的不同面。只有孩子真的走进了大千世界中，通过耳濡目染，他们才更容易对事物产生新的看法和理解，以此来推动他们对人生产生新的认识。

一个真正有见识的孩子，是当他们真正了解了自己生活在怎样一个环境里，并知道每个地方的人们都有着与自己不同的生活以后，从而明白只有努力学习、了解更多的知识，才能与世界更好地接触。

有一个小女孩十分喜欢各种昆虫，别的小女孩都喜欢养一些猫呀、狗呀的小动物，她却喜欢养虫子。孩子的妈妈在发现了孩子这个爱好后，积极地参与到了孩子养虫子的行动中来。

每周休息的时候，她就带着孩子到郊外去捕虫子，捉到以后，母女二人就开始对这个虫子进行研究，一起上网查资料，一起为虫子创造“居住”的环境。有时候她还会陪着孩子去图书馆，查找关于虫子的书籍一起阅读。

短短两年时间，女儿就认识了上万种虫子，并且能够说出每种虫子的生长环境。有一次，小女孩在小区里面玩，一群小孩子发现了一只肉虫子，纷纷吓得躲闪。小女孩却丝毫不畏惧，给在场的孩子们科普起虫子的知识来，身边的小朋友们没有想到一只小小的肉虫子身上还有这么故事，纷纷围着小女孩问这问那，然后大家还围在一起观察虫子。

野地里各种各样的虫子，为这个小女孩打开了一扇认识世界的大门。渐渐地，她不再满足于妈妈能够给她带来的那些碎片式的知识，开始自己自学生物，小小年纪，就已经是一个“生物学专家”了。而虫子，只是燃起她学习兴趣的切入点。

这个小女孩的妈妈没有为了带孩子出去看看，就辞掉了工作，也没有为此支付多么昂贵的费用，她只是用了心，在孩子感兴趣的领域里，带领着孩子深入探索。有了这种探索的精神，以后孩子再有其他感兴趣的领域，她就知道这条探索的道路该怎样走了。

实践出真知，在不断地磨炼中，孩子对世界的认知才会更加完整真切。那些课本上学过的知识，生活里约定俗成的东西，只有亲身体验，才会感同身受。因此，一定要让孩子开阔眼界，一方面达到见多识广的目的，另一方面让孩子知道大千世界无奇不有，唯有不断学习才能让他探索出更多世界的奥秘。

“吃苦”越早，学得越好

自从“家长因为辅导孩子写作业，气得被送到医院进行心脏搭桥”的新闻在网络上爆炸后，中庸育儿的理念便应运而生。所谓“中庸”，就是“无为而治”，孩子不想写作业，那就不写，等着老师去惩罚；孩子觉得学习舞蹈太累了，那就不学，反正兴趣班还多得是，总有一款会适合自家娃儿。

“中庸”的教育理念从很大程度上缓解了亲子之间紧张的关系，缓和了家庭气氛，但“中庸”虽好，却不能真的放任不管，那些在学习中该吃的“苦”还是要吃。

阳阳的家境并不富裕，住在离市中心很远的郊区。妈妈发现阳阳在舞蹈方面有天赋后，便带着小小的他踏上了求学之路。因为住在郊区，而培训班却在市区，从他家到练习室，光是往返，都要经过很长的时间。于是，阳阳的妈妈总会随身带着一块木板，让阳阳在路上用来学习、写作业。很多亲朋友好友都劝说阳阳的妈妈，他们觉得孩子太小了，没有必要吃这么多苦，少学一些无所谓。

阳阳的妈妈却很坚持，她说：“吃苦是暂时的，要想孩子茁壮成长，必须要趁早熬过苦难。”

现在阳阳考上我国最好的舞蹈学院，并获得了保研的资格，小小年纪的他已经获得多项重量级的奖项，还代表国家去国外演出。他优秀得让人羡慕，但这背后付出的努力，却不是一般人能够承受的。当大部分同龄的孩子还在家里玩玩具的时候，5 岁的阳阳就已经辗转于各个特长班了。在他展露出舞蹈的天赋后，沉重的训练，让他不止一次想要放弃，但是每每这时，都会被妈妈“逼迫”着继续学习。

“吃得苦中苦，方为人上人。”孩子小的时候不懂这样的道理，但是父母懂。真正的爱，是给孩子一个选择，一旦选择，再苦再累，也要鼓励孩子坚持下去。可以说，阳阳能够取得今天的成就，这一切都离不开妈妈的付出，正是妈妈懂得这些道理，才能在他想要放弃的时候，一次次地鼓励他坚持下去；才能看着汗流浃背的他，一次次为他加油鼓劲，让他不怕苦不怕累。

一个有格局的父母，不会因为苦和累，就放弃让孩子变得更好的机会。学问的高低，其实就是人生境界的高低。学习，就是一个漫长的、执着的、刻苦的过程。孩子在这个阶段成绩好，读书多，学习的基础也就越扎实。

同时，一个孩子能够在上学期间拥有“吃苦”的能力，将来走到社会上，也能成为一个肯吃苦的成年人。而一个在工作中肯付出、肯努力、肯拼搏的人，那他未来的道路，就只有“成功”一条。

古代有“头悬梁锥刺股”的孙敬和苏秦，他们都是能吃苦的人物。孙敬经常读到深夜，因为怕自己睡着，就把头发用绳子系在屋梁上，来防止自己在学习时打瞌睡。苏秦在连夜学习时，怕自己睡着，便准备一把锥子，一打瞌睡，就用锥子往自己的大腿上刺一下，让自己清醒过来，继续学习。后来孙敬成了著名的儒学大师，苏秦成为著名的政治家。

近代有童第周，童第周小时候家境贫寒，直到 17 岁才迈入学校的大门，为了能够学习更多的知识，他常常深更半夜站在路灯下读书，后来成了我国著名的生物学家、国际知名的科学家。

物以类聚，人以群分，一个人层次越高，他的身边也聚集起越来越多的优秀的人，而身边都是优秀的人时，自己也会变得更加优秀。提高自我层次的唯一渠道，就是刻苦学习，努力上一个好中学，再努力上一个好大学，努力进一个好公司，最后努力站在更优秀的人身边。而一个吃不了苦，受不了罪，不愿意去奋斗的人，他的层次又能有多高呢？

我们常说人生是一场长跑，不必太在意起跑线。但现实却是当别人家的孩子都在起跑线上铆足劲准备拉开距离时，作为父母还在盲目信奉“无为而治”的教育，那孩子怎么能学会努力和奋斗呢？

父母就是孩子的起跑线，若不想让孩子落后太远，就要从现在开始，让孩子懂得刻苦学习，辛劳付出，培养出他们向上、拼搏的精神和责任感。

学习，贵在坚持不懈

有一幅漫画，相信很多人都看过。漫画的内容是：两个人去挖矿，挖了很久很久，其中一个人以为自己挖不到了，于是放弃了，其实他再坚持一下，就能够挖到金矿了；而另一个人一直坚持着，终于挖到了金矿。

这则漫画告诉我们，很多事情会功亏一篑，就是因为没能坚持下去。任何事情，在方向正确的情况下，都需要坚持下去，才能够得到自己想要的结果，学习也是如此。

明明今年只有8岁，但她不但能够背诵《论语》，还对每句话的意思都了解得十分透彻。有人问她："王思任，字季重；孔尚任，字季重；赵元任，字宜重。他们的名和字都出自《论语》哪里？"这个答案恐怕很多大人都一时半会想不起来，但是她却脱口而出："是任重而道远。"

人们很好奇，一个8岁的孩子不但能够熟读和理解《论语》，还能将其中的智慧运用到自己的生活当中，她的妈妈究竟是怎么培养的呢？

在谈到自己的经验时，妈妈说了一个很简单的词——坚持。孩子对《论语》的学习能够做到这般透彻，并不是一朝一夕达成的，而是天天坚持的结果。妈妈每天都会抽出 15 到 20 分钟的时间来，跟孩子一起从《论语》中找出一句话，先理解这句话的意思，然后再把这句话背下来。”

“不积跬步无以至千里，不积小流无以成江海”，一天积累一句话，一年就能积累 365 句话。学习，就是一个不断坚持的过程，只有坚持下去，才能实现量变到质变的突破，也只有坚持下去，

才能看到学习的效果。

迈克尔小时候十分喜欢音乐，上幼儿园时，老师弹一遍的曲子，他立刻就能跟着弹出来。为此，迈克尔的妈妈花掉了所有的积蓄，给他买了一架钢琴和一把小提琴，并请来最好的老师教他。虽然有一定的天赋，但孩子毕竟是孩子，学琴的时候总有坐不住不想学的时候。为了让迈克尔好好练琴，每次上课，妈妈就站在一边督促着他。

在妈妈的坚持下，迈克尔也坚持了下来。他原本想考音乐学院，但他的曲风不被传统的学院教育所接受，因此没有考上，迫于生计，他只能先到一家餐厅去打工。

妈妈始终认为迈克尔在音乐上有极高的天赋，所以一直鼓励他不要放弃音乐，还帮他报名了一个音乐选秀节目。结果性格内向的迈克尔，在第一次登台表演时就走音严重，毫无疑问地在第一轮就被淘汰了。妈妈得知后，没有责备他，而是继续帮他寻找音乐发展的机会，到处给音乐公司寄迈克尔的作品，终于一个十分有名的音乐制作人决定签下迈克尔。从此后，迈克尔成为了乐坛一颗冉冉升起的新星。

孩子的天性决定了他们不具备很好的持久力，再喜欢的玩具拿到手也顶多新鲜三天，更不要说枯燥的学习内容了。所以我们不能指望孩子自发主动地坚持学下去，很多时候，孩子放弃学习，往往都是父母先选择了放弃，或许是因为工作忙，或许是因为孩子作业多。如果父母都放弃了，那本身就不想坚持的孩子还有什么理由坚持下去呢？

想要取得进步和成就，就离不开坚持。那些在学习上取得了非凡成就的人，都不是靠着一两天的努力做到的，成功的人都是能够坚持到最后的人，在事情没有结果之前他们绝不会选择放弃。为了让孩子的人生无怨无悔，我们要鼓励孩子凡事坚持到底，坚持，才会让他们的人生拥有更多的精彩。

成绩，不是“评优”的标准

曾有这样一幅漫画，漫画上有两个孩子，一个孩子手里拿着一张 100 分的试卷，满脸笑意，脸上还印着父母奖励给他的唇印；而另一个孩子愁眉苦脸地拿着一张 55 分的试卷，脸上清晰地印着一个触目惊心的巴掌印。

这幅极富现实主义的漫画，反映出了现在亲子关系中非常严重的一个问题，那就是有的父母将孩子的成绩看得太过于重要。

将试卷上那鲜红的数字，作为衡量孩子的唯一标准。父母都希望自己的孩子成为学霸，但并不是成绩好的孩子就一定什么都好，成绩不好的孩子就一无是处。

美国著名的教育家卡尔·威特的儿子小卡尔，在出生后不久，被发现有些像痴呆儿。因此别人建议卡尔要加强对孩子的教育，使孩子付出比旁人更多的努力，甚至牺牲掉快乐的童年时光去学习，以此让孩子跟上正常孩子的发展脚步。

对于这个建议，卡尔立刻给予了否定，在卡尔看来，牺牲掉快乐的生活只为换取优异成绩，没有任何意义，比起优异的成绩，让孩子充满幸福快乐地长大更加重要。因此，在教育小卡尔成长的过程中，卡尔并不只注重孩子的成绩和智力，而是更加注重孩子的品德、勇敢和快乐精神的培养，顺应孩子的天性，努力发掘孩子的潜在能力。

后来，这个在别人口中不太聪明的孩子，在八九岁时就已经熟练地掌握了六国的语言，并且在13岁的时候，获得了法学博士的学位。

如果父母只是盯着孩子的成绩，那么孩子也会迷失在分数中，认为只有分数才是最重要的，只有分数高的才是好孩子，分数低的就注定是坏孩子，注定得不到爸爸妈妈的宠爱。于是，当他们的成绩不理想或者达不到家长期望的高度时，他们就会感到沮丧和不自信，有一些孩子抵抗不住压力，干脆就放弃自己了。

爱因斯坦出生在犹太商人的家庭，父母对他寄予了厚望，希望他长大后能够有所作为。但随着爱因斯坦的成长，父母渐渐发现他的智力发育很慢，不像一般孩子那样机灵敏捷，快到3岁了，还不会开口说话。

与其他孩子一起玩时，爱因斯坦总是不合群的那一个，别的孩子都在一旁嬉笑打闹，而他却对着一件物品发呆很久。因为性格孤僻，上学以后，爱因斯坦被同学们歧视，老师也不喜欢他，上课老师问他问题，他总是答不出来，脑子里只会思考自己想的问题。

因此，老师总是将他赶出教室，在教室外一站就是两个小时。因为对学校教育的不适应，爱因斯坦经常考试不及格。学校的气氛让爱因斯坦感到压抑，但所幸的是父母并没有给他太大的压力，母亲为了给他的生活带来一些乐趣，还教他拉小提琴。

后来，爱因斯坦在叔叔的启发下，爱上了数学。有一次，叔叔在纸上画了一个直角三角形，标上ABC，然后在旁边写上公式，让爱因斯坦去证明。当时只有12岁的爱因斯坦连什么是“几何”都不知道，但是却被这个定理吸引住了，连着三个星期，每天都坐在自己的书桌前冥思苦想，这个定律居然被他证明出来了。

从此以后，爱因斯坦的创造便一发不可收了。即便在他长大以后，跟正常人比起来，他也总显得格格不入，有时候甚至连自己的家都找不到，助理不得不在他的口袋里放上写有家庭住址的纸条，以防他找不到家，将自己弄丢了；但这一切，都不妨碍爱因斯坦成为一个天才的存在。

可以试想一下，若是爱因斯坦的父母，就像当下许多父母一样，面对爱因斯坦不及格的成绩，对他进行批评和打骂，甚至为了提高他的学习成绩，将他送到补习班内，暂停他一切的娱乐活动，那么世界上就会少一个天才了。

所以，评价孩子是否“优秀”的标准，从来都不是只有成绩这一项，成绩不好，也只能证明孩子在某一段时期内的学习成果不太好，并不能证明一切。有格局的父母不会只盯着孩子的学习成绩，他们更在意孩子的心理健康和人格秉性。只要孩子能够感受到幸福和快乐，他们才不会觉得活着辛苦，才有余力在不同的领域拓宽自己的能力，并健健康康地成长。

期望越低，收获越大

望子成龙，望女成凤，几乎是所有父母对孩子的殷切希望。有的父母甚至还会将自己以前没能实现的理想，倾注在孩子身上，希望孩子能够完成自己的理想。但不知父母们是否有想过期望越大，失望也会越大，更何况，有时候过高的期望不但会让我们加倍失望，还会给孩子带来难以承受的压力。

某名儿科医生曾收治过这样一个小病人，一个只有3岁的小男孩的包皮系带断裂，而始作俑者竟然是小男孩的亲生母亲。

面对这个状况，医生一再追问：“是不是无意中造成了孩子的伤害？”因为虎毒还不食子呢，谁也不相信亲妈会对自己的儿子下这般狠手。但是妈妈却否定了医生的猜测，说道：“我是故意的，我今天就是打算好好教训一下他，所以就直接狠狠踹向了他。”

而妈妈这样做的原因，居然是因为妈妈给孩子报了几个课外班，但是孩子太累了，不想去上课。面对孩子的抵触，妈妈便一脚踹向了孩子。而面对受伤的孩子时，妈妈丝毫没有意识到自己的错误在哪里，当医生说到做手术需要打麻药时，妈妈的第一反应竟然不是担心孩子后半生的幸福，而是担心打麻药会不会影响智商。

针对这个妈妈，有人说：“这就像一个笑话，一只笨鸟，自己笨，没有学会飞，便生了个蛋，成天逼着蛋飞。”这句极具讽刺意义的话，赤裸裸地揭露了现在很多父母的育儿误区——对孩子的期望过高，压迫过强。

很多人常用“不想当将军的士兵不是好士兵”的名言来激励自己。但是对于教育孩子而言，孩子的能力是有限的，跟他们的成长息息相关，很多在父母看来很容易完成的事情，在孩子看来却十分难以完成。

因此，父母不要勉强孩子，要根据自己孩子的实际情况进行培养，与其将自己毕生的期望都寄托在孩子身上，不如放平心态，多观察孩子，去发掘孩子感兴趣的领域，然后在这个领域里对孩子进行引导和培养。不要期望着能够培养成多么厉害的人物，只要在这个过程中孩子感到快乐，能够有所收获就足矣。

民国时期的文化界，除了有名的“宋氏三姐妹”外，“合肥四姐妹”的才气也十分出众，这四姐妹就是张武龄的四个女儿。著名的教育家叶圣陶曾说：“九如巷张家的四个才女，谁娶了她们都会幸福一辈子。”

张武龄有四个女儿六个儿子，个个都是人中龙凤。但在培养孩子的过程当中，张武龄却从来没有要求孩子们一定要达到什么样的程度，他培养孩子更多的是启发孩子们的学习兴趣和自觉性，而不是依靠严厉的管教。

张家有着很深的家学渊源，张武龄的祖父是李鸿章的左膀右臂，父亲是进士出身、清朝政坛的风云人物，母亲是大家闺秀、昆曲研究家。作为世家子弟，张武龄从小酷爱读书，并且嗜书如命。

在张家有一个大书房，里面藏书十分丰富。张武龄和妻子常常在书房里读书，受到父母的影响，张家的子女们也都养成了爱读书的习惯。张武龄从来不限制孩子们的读书范围，家中所有的书籍都让孩子自由翻阅，若是遇到不懂的地方，张武龄还会细心地给孩子们讲解，遇到观点不一致的时候，便坐下来一起讨论。

张家自曾祖父开始，就十分喜欢昆曲，张武龄也十分喜爱这种古老的戏曲，常常带着一家老小去看戏，因此张家的十个孩子也十分喜爱昆曲，尤其是四姐妹，纷纷在昆曲的浸染下修炼出了不俗的高贵气质。

无论是读书，还是学习昆曲，张武龄从来没有强制要求过孩子们，只是为孩子们创造了一个开放式的教育环境，用自己的格局和修养不动声色地影响着孩子们。晚年时，张武林倾其所有开办公益课堂，没能给子女们留下太多遗产，但是他留给孩子们的是更大的财富，那就是开阔的眼界和高雅的志趣。

杨绛先生曾说："好的教育不是被动受教，而是启发学习的兴趣和自觉，在不知不觉中受教。"这一点，张武龄做到了。

"有心栽花花不开，无心插柳柳成荫"，学习应该是一件水到渠成的事情，没有这个前提，父母再高的期望最终都会沦落成失望。所以，有格局的父母不会把自己的期望定得太高，就让孩子以一颗平常的心一步一个脚印地踏实向前，这样说不定还会迎来更好的发展结果。

目标，是努力下去的动力

我国自古就有凡事预则立，不预则废的古训，有志之人立长志，无志之人常立志。对于孩子来说，要想获得学习上的成功，必须首先拥有学习的目标。目标，就像是茫茫大海之上的灯塔，能够让人找到前进的方向。若是没有目标，也就失去了努力的方向，不知道前路在何方。

《易经》说："取法乎上，仅得其中。取法乎中，仅得其下。"意思是说，一个人制定了高目标，最后仍然有可能只达到中等水平；而如果制定了一个中等的目标，最后有可能只能达到低等水平。这句话道出了目标存在的必要性，即有目标虽然不一定达得到，但是在实现目标的过程中，自己会变得更加优秀。

在一所小学内，老师和同学们正在讨论“未来的梦想”。

当老师问其中一个小男孩：“你的梦想是什么呢？”

小男孩回答说：“我的梦想是成为校长。”孩子的回答引来了同学们一阵阵的笑声，因为在孩子们的眼中，校长是学校里最“厉害”的人，一般人可当不了校长。

但是小男孩不理周围同学的嘲笑，他知道，想要做校长，就得好好学习。高考的时候，他以优异的成绩考上了师范大学。在

大学里他参加各种社团活动和社会实践，增长自己的见识和能力。毕业后被分配到了一所小学任教，在工作中他积极认真，不久之后就升为了教导主任，没过几年又成为了副校长……

高尔基曾说：“一个人追求的目标越高，他的才能发展得就越快，对社会就越有益。”孩子若是能够立长志，那他就具有清晰而明确的目标感，知道自己想要什么，想要去哪里，内心坚定而且强大，抗干扰能力强，不会因为他人的三言两语就改变自己的人生轨迹，也不会盲目地跟从他人的脚步，而忘记了自己的初衷。他们会为了达成志向，在没有条件的情况下，自己努力创造条件，并且能持之以恒地奋斗至成功。

詹姆斯是非洲某个国家的短跑运动员，他从籍籍无名到冲出非洲，靠的就是给自己定下一个又一个的目标，然后不断地超越这些目标。

在刚刚加入短跑队的时候，詹姆斯并不是那个能力最突出的队员，他连自己的队友都跑不过。于是他就给自己定下了一个目标，超越队里第一的大卫。有了大卫这个目标，詹姆斯在训练时，就有了方向。经过了几个月的苦练，他终于超越了大卫。

接下来，詹姆斯又为自己定了下一个目标，那就是超越在他们国家乃至在整个非洲已经称雄了 6 年之久的马库斯。为了超越马库斯，詹姆斯进行了一年多坚持不懈的努力。达到目标后，詹姆斯又将自己的下一个目标定为世界纪录的保持者，短跑顶尖高手——博尔特。

在整个非洲，博尔特就犹如天花板一般的存在，也是无人敢奢望的大目标。为了超越这个目标，詹姆斯可谓是下了苦功夫。在之后3年的时间里，詹姆斯和博尔特较量了十几次，次次都以失败告终，但詹姆斯从来没有放弃过。目标是用来干什么的？就是用来超越的，虽然詹姆斯没能在短时间内超越博尔特，但是他的成绩却一次比一次好，从全国排名第四、第五，提高到第一名。

任何一个人，都应该为自己的人生立下长远的目标，然后向着这个目标，一步一步地向前迈进，通过完成各个不同时期的目标，逐步实现人生的最大目标。不过需要父母们注意的是，孩子制定的目标，应该是切实可行的目标，是符合孩子自身情况的目标，而不是只求远大却不切实际的目标，这样只会起到适得其反的效果。

孩子的学习，不能靠逼迫

有句话叫作“劝别人容易，劝自己难”，这句话放在正在育儿的父母身上特别合适。在自己没有孩子之前，看到别的父母为了作业跟孩子着急上火，自己会说："别着急，孩子学习靠自主。"等事情到了自己身上时，看到孩子写作业拖拖拉拉，学习成绩不上不下，上课也不认真听讲时，才发现不管孩子有多难。

道理大家都懂，但是做起来却不是一般的难。于是，一道难题就摆在了父母们的面前，到底要不要逼着孩子学习？逼着孩子学，孩子不开心；不逼着孩子学，父母又着急。

任俊泽在当地是小有名气的"神童"，17岁考上了研究生，是很多家长口中"别人家的孩子"。他8岁上高中，13岁上大学，高考分数高达598分，秒杀了一众埋头苦读十余载的学生。

然而，这样一个"尖子生"却在读研的过程中，被学校劝退了。原因在于，第一次离开家，离开母亲的任俊泽无法与周围的学生和睦相处，也无法理解老师安排给他的任务，导致他好几次论文答辩缺席，还有几次学科的挂科。随着他犯的错误越来越多，学校才对他采取了劝退处理。

回家后的任俊泽遭受到了严重的打击，好几年的时间里都是颓废度日。看到这样的儿子，任母一度感到很绝望，甚至希望任俊泽去死，这样她就不用"丢人现眼"了。但是任母却没有反思过，任俊泽变成这样，究竟是谁之过。

比起先天基因就比较优秀的人才，任俊泽的基因算不上优秀，他的父亲是货运司机，母亲是超市拣货员。或许是因为母亲想要弥补自己因为文化不足而吃的亏，或许是因为母亲比较

重视文化知识的学习，总之在任俊泽很小的时候，母亲就开始了对他进行早期教育，念书、识字、背诗，几乎成了任俊泽童年时期的唯一陪伴。

在母亲的努力下，年仅两岁的任俊泽就认识了比同龄人要多得多的汉字，4岁时就已经有能力自学课本上的知识，因此小学他只读了二年级和六年级，并在此期间还自学了高中的课程。

为了能够让任俊泽专心学习，母亲将他的生活照料得可谓是无微不至，偶尔有小朋友来找任俊泽玩，也被母亲以耽误学习拒之在门外。可以说，任俊泽的生活在母亲的操办下，除了学习就是学习，他没有社交，也没有自理能力。这才是造成他悲剧的主要原因。

好在任俊泽渐渐从阴霾中走了出来，他开始重新学习，不但学习文化知识，也学习是如何生活，后来再次考上某大学的物理系的研究生，同时，也找到了自己人生的另一半，开启了人生新的篇章。

当任俊泽的孩子出生后，母亲想用炮制任俊泽的方式，继续对孙子进行培养，但是被任俊泽拒绝了，他只希望自己的孩子能够健康快乐地成长，成为一个普通人就好。

任俊泽的故事是一个比较极端的案例。现实中大部分在父母逼迫下学习的孩子，要么形成了惰性，父母逼的时候就学一学，父母不逼的时候就彻底放飞自我；要么对学习产生了很严重的抵触心理，从不讨厌学习变得讨厌学习、不愿意学习，甚至是产生严重的心理问题。将孩子逼成一个只会学习的机器，对孩子的未来有任何意义吗？孩子学习的目的应该是掌握更多的知识，学习到更多为人处世的道理，拥有更多立足于社会的技能，而不是除了学习只会学习。

所以，想要孩子好好学习，逼着孩子学并不是一个好办法。而且父母的指责、抱怨和批评，不但不能给孩子提供任何一点儿实质性的帮助，还会使孩子对学习产生恐惧、厌恶等心理。要知道，人类遵循的是“追求快乐逃避痛苦”的生物学法则，一旦孩子对学习感到恐惧和厌恶，他一定学不好。那么，父母究竟该怎么办呢？中国著名家庭教育家董进宇博士说：“要想让一个孩子学习好，父母首先要做的一件事情就是把他激励起来。”

董进宇出生在内蒙古科尔沁大草原一个贫苦的农家里，他的父母都是小学文化。就是在这样一个家庭中，培育出了三个博士。

在董进宇的印象中，父母从来没有逼迫他们做过什么，只要是不违背原则的事情，就会让他们尽情去做。如果遇到双方意见不一致的时候，也不会强迫他们接受父母的观点，而是耐心地引导他们。父母的尊重，让董进宇感受到了人与人之间的平等，父母的尊重让他建立起了极强的自尊心，无论做什么事情都想做到最好。

虽然父母从来不会逼迫他们学习，但是会时常激励他们努力学习。父亲常说的一句话就是：“你要是能够靠自己的努力考上大学，爸爸再苦再穷也会想办法供你。”父亲的话形成了一种力量，在无形之中推动着董进宇前进。

当孩子的内心拥有这种强烈的自驱力时，还怕他会学习不好吗？所以在培养孩子学习的这条路上，我们要迈出的第一步，不是让孩子学习到多少知识，而是先让他们能够从学习中获得快乐的感受，能够从学习中得到被肯定的成就感。有着这样美好的感受，相信不用父母逼着，孩子自己就会愿意去学。

第三章

教育的最终目的，是让孩子成为他自己

一只鸡，关在笼子里久了，放出来会忘记怎样走路。一个孩子，在父母的掌控下生活久了，就会忘记自己究竟想要的是什么。孩子不是父母的私有物品，也不是为父母完成梦想的载体，更不是父母用来充装门面的工具。孩子是一个个体，对孩子最好的教育是引导，引导孩子成为更好的自己。

学会欣赏，你的孩子就是天才

一名小学语文老师曾分享过她班上发生的一件趣事。课上，老师给大家讲天文学家张衡小时候的故事，在讲到张衡数星星的桥段时，班上的一个小男孩举起手来，说道："老师，我小时候也爱数星星。"

老师听了，连忙鼓励说："那说不定你以后也会成为天文学家哦。"

小男孩却说："才不是呢！我妈说天上的星星数不清，谁数谁是大笨蛋。"

小男孩的话引起同学们哄堂大笑。

这样的场景并不陌生，孩子拿着一块石头对妈妈说："这像一条鱼。"妈妈很不屑地看一眼，拿过来扔掉，说："这不是鱼，不要随便乱捡东西，你看把手弄得多脏！"孩子拿着妈妈的眼镜戴在脑袋上，说自己是飞行员，妈妈却一把夺过来说："不要玩我的眼镜，摔坏了怎么办？"

父母一边给孩子讲着科学家、发明家的故事，希望自己的孩子将来成为牛顿、爱因斯坦、比尔·盖茨一样的人物，一边又把孩子的天赋扼杀在了萌芽期，活生生将一个个小"牛顿"培养成了一个个小“牛倌”。天才不容易出现，不是天才太少，是因为天才太容易被扼杀。

父母看不到孩子的优势，并不是孩子的问题，而是父母的问题。有句谚语是“垃圾是放错了地方的宝贝”，这句话也同样适用于孩子的教育问题。一个孩子可能在某一方面是“垃圾”，但在另一方面可能就是“宝贝”，父母若是能够充分认识到孩子的优势，并着重去培养这方面的优势，相信任何一个孩子都能成长为一个独一无二的小天才。

有一位母亲，因为在生产时遇到了问题，孩子生出来时经历过短暂的缺氧阶段，医生说这很可能会影响孩子的智力。母亲听了很难过，却始终没有将孩子当作痴呆儿去看待，她发现孩子虽然并不灵光，但是也有不少的优点。

孩子上幼儿园后没多久，老师对这位母亲说："你家的孩子有多动症，在板凳上连三分钟都坐不了，十分影响其他小孩。"回家路上，孩子问母亲，老师对她说了什么？母亲回答说："老师表扬你了，她说你进步了，可以在板凳上坐够三分钟了。"孩子听了十分高兴，晚上吃饭都更香了。

上了小学后，老师又找到母亲说："你家孩子智力可能有点问题，每次考试都是倒数。"回了家后，孩子照例问母亲老师说了什么？母亲回答说："老师说你学习很努力，她对你充满了信心，相信只要努力学习，就一定能够超越你的同桌。"

孩子听了，原本暗淡的神采忽然明媚了起来。从那以后，孩子比之前更努力地学习，每天早早就起床去学校，从来不在学习上让她费心。

上了中学后，母亲已经习惯了被老师留下单独训话，但是等了许久，老师也没有叫到她。疑惑的母亲主动找到了老师，老师对她说："孩子的成绩不太理想，考重点高中有点危险。"母亲满怀着惊喜走出校门，看到等在一边的孩子，主动说道："老师对你非常满意，她说你只要用心学，就有希望考上重点高中。"

三年过后，第一批大学录取通知书下来了，孩子从学校回来，将一封中国重点大学的录取通知书交到了母亲的手中，母亲捧着通知书喜极而泣。

有懂得欣赏自己的父母，孩子是幸运的。能够欣赏孩子的父母，是十分难得的。父母的欣赏，是对孩子的信任，是对孩子潜力的认可，是对孩子人格的尊重。

一个人是否有成就，只有看他是否具有自尊心和自信心两个条件，而自信的孩子从来不是天生就比别人好，而是他的父母相信他以后一定会比别人好。父母的每一次肯定，每一次鼓励，都在为孩子自信心的建立添砖加瓦，使孩子相信自己就是那个最优秀的人，并且为了成为最优秀的人而持续努力着。

赏识教育的提出者周弘说过：“哪怕天下所有人都看不起你的孩子，做父母的也要眼含热泪地欣赏他、拥抱他、赞美他。每个孩子的生命都是为了得到父母的赏识而来到人间的。你的孩子是世界上最好的。”

有远见的父母不会逼着一个不擅长音律的孩子去学习钢琴，也不会逼着一个没有审美细胞的孩子学习美术，他们只会睁大眼睛去搜寻自己孩子身上的“闪光点”，并努力将这些“闪光点”放大，抛开世俗对“优秀”的界定，发自内心地欣赏孩子，并始终保持“欣赏孩子”的初心。

陪孩子长大，而不是教孩子长大

有的父母认为，对孩子教育最直接的投入，就是斥巨资让孩子上各种培训班，将孩子培养得十八般武艺样样精通。殊不知，最终让孩子和孩子之间产生差距的，不是上了多少培训班，而是父母在孩子身上花了多少心思。换句话说，就是父母有没有用心陪伴过孩子。

网上曾经流传这样一句话："我搬起砖就没办法抱你，我放下砖就没办法养你。"这是许多身在职场的父母最真实的心理写照。大部分父母最终选择了搬砖，因为他们觉得比起陪伴，给孩子创造更好的物质基础更加重要。

先不说陪伴和物质基础究竟谁更重要，就说父母真的会忙到没有一丁点儿陪伴孩子的时间吗？更何况创造物质条件和陪伴孩子这两件事情并不冲突，再忙的人难道比总统还忙吗？

美国前总统奥巴马从议员到总统，无论身居何位，无论工作有多忙，他都会抽出时间尽量陪伴在女儿们的身边。在他长达 21 个月的总统竞选中，即便每天忙得团团转，但他也从来没有缺席过女儿的家长会。

只要一有空，他就会带着老婆孩子一起出去吃大餐，或者带着孩子一起去游泳，并亲自担任教练。孩子们放假的时候，他会带着她们去游乐场玩，看着孩子们开心大笑的模样，他觉得这是世界上最幸福的事情。孩子过生日，不管有多忙多累，他们夫妻俩都会赶回家，绝不让孩子在这一天感受到来自父母的忽略和冷漠。

孩子们的妈妈米歇尔为了支持奥巴马的工作，也为了孩子们更好地成长，辞掉了芝加哥大学医疗中心副董事长的工作，每天接送两个孩子上下学，带着孩子逛图书馆，晚上躺在床上陪女儿聊天，与孩子共读一本书。

奥巴马曾说：“我不会做一辈子的总统，但我会是一辈子的

父亲。”在他的社交账号上，他先是一名父亲，后是一名丈夫，最后才是美国第 44 任总统。

在奥巴马夫妻的悉心教育下，一个女儿考上了哈佛大学，与父母成为校友，另一个女儿考上了美国排名前十的常春藤盟校——密歇根大学。

父母的陪伴和参与是孩子成长的养料，只有参与到孩子的成长中，才能真正了解孩子的所思所想，找到最适合的教育方式。真正的陪伴孩子成长，并不是孩子在一旁玩，父母坐在一旁让孩子看见自己就可以，对于孩子而言，只有父母对自己的行为、话语、感情有所回应，才算得上是陪伴。用心理学家李松蔚的话说就是："孩子真正需要的，不是你把他们从那个世界里拽出来，而是父母走到他们那个世界中去。"

杨绛的《我们仨》一书中说，钱钟书就像个老顽童，总是以捉弄女儿钱媛为乐，非要把女儿气得跳脚，然后他在一旁哈哈大笑。从杨绛的叙述中，我们看到的钱钟书不再是著名的作家，而是一个有趣的爸爸。

有一次，杨绛听到钱钟书可怜兮兮向她求救的声音，说是女儿钱媛欺负他。杨绛走过去一看，发现钱媛的床上堆放着高高的一叠书，上面倒放着一张小板凳，凳上放了钱媛回家时沾满了尘土的皮鞋，一只鞋里被塞了笔筒，另一只鞋里则被塞进了一个扫床笤帚。而这个场景就是被钱钟书"创造"出来的，还被钱媛逮了个正着，将他拦在了书桌和钢琴之间。

而这样的事，钱钟书可没少干。小时候的钱媛因为天气热，便露着肚皮睡觉，钱钟书看到了，在女儿的肚皮上画了一个大花脸，然后等着看钱媛醒来后气得跳脚的样子，这个时候钱钟书会一边笑话女儿，一边给她起好玩的外号，直到女儿也被逗得哈哈大笑为止。

无聊的时候，钱钟书还会往钱媛的被窝里偷偷放好多东西，什么玩具呀，镜子呀，书本呀……害得钱媛每次钻被窝时，都像是排雷一般。每当这个时候，钱钟书总是听着钱媛发出的惊叫声，在一旁欢乐不已。后来，女儿钱媛在说起钱钟书时，称他为自己最好的哥们儿。

父母和孩子能够玩成一片，是彼此之间心与心贴得最近的时候。那些我们以为微不足道的陪伴，却可以在孩子的生命中留下一抹最明亮最温暖的颜色。

父母对孩子的爱，是唯一指向分离的爱。我们对于孩子的教育，就像是一场渐行渐远的送别。因为孩子总归会长大，我们也终将会老去。身为父母，我们的“有效期”只有10年，孩子10岁以后，任凭我们百般努力、拼命补偿，也无济于事，因为我们已经过期了。

因此，父母和孩子真正相处的时间很短，并且没有重来的机会，一旦错过了，就是一辈子的遗憾。因此，我们应该把握住机会，陪孩子一起长大，不要错过以后才想要去珍惜，那为时已晚了。

正视孩子，哪怕孩子不完美

中国人以谦为美，同时也把这种谦虚用在了育儿当中。别人夸孩子钢琴弹得不错，父母赶紧就说："一般一般。"对待孩子的优点都是如此，对待孩子的缺点和不足就更有过之而无不及了。

孩子粗心大意，在父母嘴里就变成了"马虎精"；

孩子成绩不好，在父母嘴里就变成了"笨蛋白痴"；

孩子皮肤黑一点儿，在父母嘴里就变成了"小黑妞"……

或许父母这样说的时候并没有恶意，他们只是希望孩子能够越变越好，或者仅仅是开玩笑，却给孩子造成了沉重的心理压力，让孩子每每想到这些，就无法自信起来，甚至想办法逃避自己的不足之处。

有网友曾在网上分享了一段她的成长经历：

她出生的时候，已经有了一个姐姐。跟她比起来，姐姐更加聪明伶俐，所以妈妈也更喜欢姐姐。有时候姐姐做错事情，妈妈会忽略不计；但如果她做错一点儿事情，妈妈便会对她进行挖苦讽刺。

在妈妈这样的教育之下，她渐渐也认为自己就是一个废物，什么都做不好，所以早早就辍学了。而姐姐考上了大学，她在姐姐面前更加相形见绌，只要姐姐在场，她就感觉自己抬不起头来。后来她小小年纪就跟着同乡一起出来打工，经历过被骗被坑，但她宁愿在外吃苦，也不愿意回家。

父母对孩子的挖苦和讽刺，孩子可能不会反驳，也不会表现出激烈的反抗，但是孩子会记在心里。尺有所短，寸有所长，每个人都有自己的弱点和缺陷，甚至有一些还是无法弥补的。在这种情况下，父母应该教会孩子正视自己，坦然接受自己的不足与缺陷。

尼克·胡哲出生前，父母对他抱有强烈的期待，他们渴望迎接一个漂亮健康的小宝宝，但是当尼克·胡哲出生时，父母却被他的样子惊呆了，他就像是一尊只有上半身的雕像，没有双臂，也没有双腿和脚。

尼克·胡哲很羡慕自己的同学，他们可以奔跑，而他做不到；他们长得那么好看，自己却没有手和脚……在这样的羡慕当中，尼克·胡哲变得越来越郁郁寡欢。父母见状，将尼克·胡哲叫到了身边，问他："是有什么事情你做不了吗？"

尼克·胡哲说："我不能奔跑，不能踢球，不能画美丽的画，不能和别人长得一样好看。"

父母又问："那你有什么是可以做的呢？"

尼克·胡哲回答："我可以做数学题，可以和别人交谈，可以思考问题。"

父母鼓励尼克·胡哲去做，但是他却不敢去，因为他害怕失败。

这时，父母柔声对他说道：“不要害怕失败，聚焦你能做的事情并且做到最好。即使有些事你现在不能做，你也可以去尝试，跌倒了再站起来就好啦！”

父母的话给了尼克·胡哲莫大的鼓励，让他知道虽然自己身体有缺陷，但是也有许多事情可以做。现在的尼克·胡哲可以做很多事情，他完全可以照顾自己，并且愿意去挑战更多自己没有做过的事情。身体的缺陷不再是他难以启齿的问题，反而成了他演讲时调侃自己的素材。

想要孩子学会接受自己，父母首先要做到接受孩子，也许孩子很优秀，也许孩子很平庸，甚至还存在一些缺陷，但是作为父母，我们不要轻易否定孩子。一个人只有能够坦然地接受自己的全部，才能够正视自己的能力，才不会困顿在自己的不足之中，唯有接受自己的平凡，才能成就不平凡的自己。

给孩子时间，让他们可以慢慢成长

著名教育家杜威曾在100多年前应邀访华，在接触了中国的教育后，杜威感叹道："中国的家长太着急了。"

如今，尽管国家已经三令五申禁止提前教育，但是仍旧无法阻挡部分父母那颗担心孩子"输在起跑线"的心。

2012年除夕那天，在一片茫茫白雪中，一个3岁的小男孩赤裸着身体，全身冻得通红，一边在雪地里跑步，一边哭着祈求："爸爸，抱抱我，抱抱我。"但是孩子的父亲却不为所动，只顾着在旁边拍摄视频。

这个小男孩叫何宜德，3岁时他在雪地裸跑，4岁时他参加了国际帆船比赛，5岁时他开上了飞机，6岁时他就写出了自传，7岁他与父亲徒步穿越"死亡之海"罗布泊，8岁时他考入了南京大学，11岁时他从南京大学毕业，12岁时准备攻读硕士和博士……

反观其他同龄的小孩，3岁时还在妈妈怀里撒娇，4岁时还只会玩玩具帆船，5岁时刚学会骑带辅助轮的自行车，6岁时才开始学习拼音，7岁时才刚会写几句话的日记，8岁时还是猫狗都嫌的烦人精，12 岁时才刚刚小学毕业……

何宜德成长的每一步都优先于同龄的小孩，说他是“火箭式”的成长一点儿也不为过。如果这仅仅是因为何宜德天赋异禀那很正常，但现实却是何宜德出生时，因为早产被医生断言大脑损伤严重，可能是一位脑瘫儿。为了让他恢复健康，像正常孩子一样长大，父亲辞掉了工作，专门陪何宜德康复训练，从 6 个月开始，他就开始进行游泳等多项训练，几乎每天的训练时长要达到 8 个小时。在父亲的严格训练下，何宜德的身体健康状况越来越好，甚至智力、体力等超过了平常人。

如果父亲的训练到此为止，那么何宜德就会像正常的孩子一样长大，但是父亲却忘记了初心，对何宜德的训练渐渐偏离了最初的轨道，让何宜德在他设计的轨道上，铆足劲奔跑。

曾有一个公益心理组织为何宜德免费做过一次心理测试，结果发现何宜德存在抑郁症和躁郁症倾向。在何宜德的身上，看不到半点儿一个孩子应该拥有的天真烂漫，更多的是在孩子身上不应出现的成熟。何宜德能不能成才，有待时间考证，但“揠苗助长”的道理人人都知道，生长过快，容易营养不良，奔跑过快，则会摔跟头。

孩子就像植物一样，具有自己的生长规律，3 岁开始发育直觉思维期，5 岁才具有形象思维，大班的孩子才开始出现逻辑思维的萌芽，8 ~ 12 岁是记忆力发育的最佳时期。让一个还没上学前班的孩子去记忆较多的生字，不是记不住，相反还可以记得很牢固，但是这又有什么用呢？虽然可以在一年级时语文水平领先其他孩子，但是到了二年级依旧会与其他孩子持平。更可悲的是，在本该充满想象力、充满创造力的年纪里，大脑已经被固化的知识填满了。

在养育孩子成长的道路上，如果父母不能静下心来，不能耐心地育人，那么儿童就会在这种“快养”的教育当中失去真正的自我，儿童的生存权、受教育权和自由生活权就会受到破坏。

与“快养”相对应的是“慢养”。什么是慢养呢？慢养，不是时间上的慢，而是心态上的松弛，允许孩子做属于自己成长阶段的事。

斯考特是一名心理学家，他的二儿子布鲁斯从小就十分叛逆，不爱学习，就爱惹是生非。斯考特看在眼里急在心里，他强忍住

自己那颗想要逼着孩子学习的心，因为他知道学习这件事，除非孩子自己积极主动，否则父母所有的强制和逼迫都没有用，反而还会让孩子更加叛逆。

最严重的一次，布鲁斯出于好奇到离家不远的超市里偷了一双手套，结果被人赃并获。斯考特得知后，没有打骂布鲁斯，而是说了一段意味深长的话语，让布鲁斯去反思自己的错误。从那以后，布鲁斯虽然还是很叛逆，但是却没有再做过偷盗的事情。上高二那年，布鲁斯参加了学校的摔跤队。在摔跤队里布鲁斯找到了自我存在的价值感，因为他摔跤成绩特别好，赢得了队员和教练的喜爱和欢迎。

这样布鲁斯意识到，原来成绩好可以受到别人的尊重和喜爱，于是他开始在学习上发力，将自己的大部分精力都用在了学习上，结果成绩突飞猛进，不仅顺利地考上了大学，而且还是十分难考的医学院，之后他继续努力，在30岁那年被提拔为华盛顿某医院的副院长。

慢养孩子就像是牵着一只蜗牛去散步，不管父母的步伐有多大，但始终配合着孩子的脚步，其间就算有失去耐心的时候，也要耐住性子，尊重孩子的成长节奏，不盲从，不急于求成，不急功近利，就让孩子按照自身的规律一点点地成长。

童年很短，人生却很长。孩子的一生不是短跑，也不是中长跑，而是一场马拉松。“慢养”的孩子，走得虽慢，但走得远，能坚持到最后的人生，才是最精彩的。

穷养富养，都不如爱的滋养

某地一位 14 岁的少女在离家出走前，给父母留下这样一封“诀别书”：

“若有来生，我们不要再见面了。你们爱的不是我，是冲进班级前十的我，是排名年级前二十的我，是考到满分的我。我是带给你们荣誉的人，严格出孝子的代言人，是你们在朋友面前攀比的工具……我走以后，你们把奶奶接过来住吧，她一个人住很孤单。对弟弟好一点儿，不要再用对待我的方式去对待他。希望你（爸爸）手术顺利，早日康复，以后少加班少熬夜……”

写下这封诀别书后，女孩她将从学校借来未归还的书，一本一本写下明细，叮嘱父母帮她归还，然后带上了几件衣服和自己积攒的压岁钱，在全家人熟睡之际悄悄地离开了家。

父母从来没有想过，他们付出了所有心血去培养的孩子，竟然选择了这样的方式来摆脱他们，他们自认为全心全意爱着的孩子，孩子却丝毫感受不到。父母与孩子之间的爱，明明应该是“双向奔赴”的爱，最终却得到了这样的结果，究竟是哪一个环节出了问题呢?

在这个世界上，很少有不爱自己孩子的父母，但是为什么孩子却感受不到父母的爱呢？原因就在于父母的表达方式出了问题。

在一个亲子活动中，一个爸爸带着孩子来参加。在活动中，孩子因为手臂受了伤，所以在吃饭的时候有些情绪不佳，不愿意好好吃饭。见到此状的爸爸脸色大变，将孩子带离了饭桌，然后罚他面壁思过。

受了伤没有得到爸爸的安慰，反而还要被罚，孩子心里十分难过，于是在爸爸喊他回去集合的时候，孩子表现出不愿意回去的样子。面对孩子的小情绪，爸爸的选择是将孩子关在门外，不予理睬。本想得到爸爸关注的孩子，没想到却面临着被父亲抛弃的危险，于是连忙跟上前去，讨好般地表示，自己会好好表现。

后来带队老师跟孩子聊天，在被问到“爸爸是否爱他”这个问题时，孩子的回答充满了犹豫，他说：“有时候爱吧，有时候不爱，就是他不理我的时候，感觉他就不爱我。”

当自己表现得好，让父母感到高兴时，父母就爱自己。相反，如果自己表现不好，让父母生气了，那么父母就不爱自己了。如果父母的爱只表现在孩子乖的时候，那么在孩子看来，父母的爱是讲条件的。

在这种患得患失的心理中，孩子会变得小心翼翼，甚至为了让父母高兴而刻意讨好父母，只为了得到父母更多的关爱。而父母如果一直意识不到问题所在，依旧用这种充满了挑剔的方式去表达对孩子的爱，那么孩子的崩溃在悄无声息中就产生了。

父母对孩子的爱，是一种真挚的感情付出。我们爱孩子的理由只有一个，那就是因为他们是我们的孩子，无论他们是否乖巧懂事，也无论他们是否成绩优秀，哪怕他们做出了让我们感到丢人的事情，也不会影响我们爱他们。

丹尼尔是一个十分有名的童话故事作家，从小他就是一个满脑子奇思妙想的孩子。他的父母十分讲平等，所以他的家，是一个能够畅所欲言的地方，他从来不用担心因说错话而挨打。这也让他养成了敢说敢干的性格。

12岁的时候，老师出了一个作文题目，叫“我的理想”，看到这个题目后，丹尼尔一拍脑袋，写出了自己的梦想是成为校长，然后就可以把经常批评他的老师赶出学校。老师看了以后勃然大怒，认为丹尼尔不尊重老师，不但没有欣赏丹尼尔与众不同的构思，反而还当众羞辱了他，要他当着全班同学的面说一百次“丹尼尔是笨蛋”。

不堪受辱的丹尼尔当着全班同学的面，推翻了课桌，丹尼尔是出气了，但是却也遭到了学校的严厉处置，他被学校劝退了。回家的路上，丹尼尔以为父亲会骂他，结果没想到父亲却对他说：“没关系，小子，我在家教你。”父亲的这句话，给了丹尼尔无尽的力量。

当孩子来到这个世界上时，他们都期待着被呵护、被接纳，而父母无条件的爱能够让孩子感受到被呵护和被接纳，这会让他们更加认同自己的自我价值和自身的独特性，并让他们拥有一个安全感满满的童年。与缺乏这种爱的同龄人相比，他们更自信，能更轻松地面对困难，也能取得更高的成就。当然，这样的孩子也会犯错，也会遭遇失败，但是他们能坦然接受，因为他们知道，所有的问题都会迎刃而解。

不管是穷养儿，还是富养女，归根结底还是要对孩子进行爱的滋养。处处苛求孩子，从小就以“你不听话，妈妈就不爱你了”的方式养育孩子，最终只能让孩子离我们越来越远。爱孩子，就要无条件地接纳孩子，接纳孩子的平凡，接纳孩子身上所有好与不好的方面，这是为人父母一生的修行。

专注于现在，未来自然优秀

艾莉森·高普尼克是儿童学习与发展研究的泰斗级专家，没人比她更了解孩子的发展与成长。在她的著作《园丁与木匠》中，父母被分成了两种，一种是木匠型的，他们喜欢让孩子按照自己的模具成长，想做一把椅子就做一把椅子，想做一张桌子就做一张桌子；另一种是园丁型的，他们更擅长修剪和引导，让孩子在自由成长的同时，最大限度保持孩子旺盛的创造力。

你会选择做哪种父母呢？随着“规划”的重要性被无限度夸大，越来越多的父母加入了“木匠型”父母的行列中来。有的父母甚至从孩子一出生，就已经为孩子规划好了未来：什么时候上早教，上哪所幼儿园，上哪所小学，上哪所中学，考什么样的大学，毕业后找什么样的工作，跟什么样的人成家，什么时候生孩子……

孩子的一生，已经在他出生后的前几年都被规划好了。父母天真地以为，只要给孩子规划得够好，那孩子的一生就可以高枕无忧，自己也可以省心不少。事实上却是，这样的规划只会给父母带来越来越多的焦虑感。

美国一所中学曾经布置过一篇名为“我的理想”的作文，孩子们的作文写完后就被学校尘封了起来。等到30年后，曾经的“理想”再次被打开，令人惊讶的是，全班竟然没有一个人从事的工作与当初的愿望是一致的。

规划虽然很重要，但是万事万物都在改变当中。孩子也不是机器人，不是父母设定好生长程序，他们就会按照预期的轨道行走，他们是有思想有行动力的人，他们无时无刻不在接受着这个世界的变化。就算孩子足够听话，按照父母规划的道路一步一步走下去，那他们的人生就一定会如父母规划的那般完美吗？除非地球停止转动，除非社会不再发展，否则谁也不敢对此做出保证。

计划永远没有变化快，在这个快节奏的世界里，环境在变，生活在变，就连我们自己也在变。太多太多的意料之外，太多太多无法预期的不定因素，影响和改变着每一个人，我们永远不知道未来是怎样的。就像是20年前，人们不会预料到今天可以足不出户就能够买到任何东西，所以20年前按照裁缝的路子去培养的孩子，到了今天就只能失业了。

有的父母或许会问，孩子自己没有规划未来的能力，如果身为父母也不去帮孩子规划未来，那么孩子万一走上歧途怎么办呢？人生不是不可规划，而是不可过度规划，父母只需要帮孩子做一个短期内的大致规划，大概什么时间段做什么事情即可，具体的内容还是需要孩子自己来做计划。至于未来几十年的事情，父母大可不必杞人忧天，早早做出规划，因为只要做好了当下，未来无论怎样，孩子都不会太差。

两个同在世界名校上学的学子，在探讨一本介绍世界英豪的书籍时，学子A问道：“你最崇拜哪个世界英豪？”学子B回答说：“当然是华盛顿和彼得大帝了，他们一个打败了英国建立了新国家，一个把最大最落后的国家变成了强国。我们以后也要像他们一样成就丰功伟绩，做响当当的世界英豪。”

然后学子B问学子A，他最崇拜世界上哪个英豪，学子A说：“我不希望自己成为世界英豪，因为所有的伟人在成为伟人之前从来都不知道自己会成为伟人。华盛顿从来没有想过自己会打败英国建立一个伟大的国家，他是一个普通的农场主的儿子，从组织60个骑兵开始，从点滴做起。而彼得大帝作为皇帝隐姓埋名遍访欧洲的时候，并不知道他能把俄国变成强盛的国家。”

后来，学子A成了世界上著名的政治家。

很多时候，不是因为规划好了方向，就能走向成功之路，而是因为一直在前行，慢慢走下去，前方的路才会渐渐地变得清晰起来。纵使是成为伟人，也绝不是谁认真规划出来的结果，他们只是努力做好了自己身边的每一件事，遇到困难就去一步一步解决掉，才成就了最终的自己。同样的道理，只要孩子能够脚踏实地，从眼前做起，做好身边的每一件事，那么总有一天他们就能够展翅高飞。

放下固有的认知，俯下身来倾听孩子

曾经有这样一项调查：

在人来人往的街头，随机询问一些父母："在孩子成长的过程当中，最讨厌孩子出现什么行为？"

超过 70% 的父母都选择了"顶嘴"这一项，也就是说绝大多数父母都难以忍受孩子顶嘴。在父母看来，孩子顶嘴就是不听话的表现，轻则会被父母口头警告，重则还会遭到父母的"武力镇压"。

不允许孩子顶嘴，可以说是亲子沟通中最大的误区了。父母只看到了孩子忤逆父母，却没有想过孩子为什么会顶嘴呢？他们不愿意服从父母的原因又是什么呢？

其实，当孩子开始反驳父母的观点时，父母应该感到高兴，因为这证明孩子的自我意识和尊严开始觉醒了，他们开始自我思考，开始想要表达自己，想要捍卫自己说话的权利，并让父母看到自己内心真正的诉求。可以说，这是亲子之间沟通的绝佳机会，也是孩子逐渐走向自我的必经之路。

所以，父母想要了解孩子，想要让孩子找到自我，那么就得允许孩子开口说话，尤其是孩子"顶嘴"的时候。千万不要认为父母在孩子面前拥有绝对的权威，就在沟通时将自己的地位凌驾于孩子之上。因为亲子沟通最重要的一个原则就是“平等”，只有处在“平等”的位置上，孩子才更愿意表达自己，而面对这种“不平等”的地位，孩子自然不愿意与父母进行沟通。

所谓的平等，就是我们说话时，孩子倾听了，孩子说话时，我们也要倾听。著名教育家周弘说过：“要想和孩子沟通，就必须学会倾听。倾听是和孩子有效沟通的前提。不会或者不知道倾听，也就不知道孩子究竟在想什么，连孩子想什么都不知道，何谈沟通？”

据统计，目前抑郁症已逐渐低龄化，很多十多岁的孩子就已经患上了抑郁症。一个叫芳芳的小女孩，在初二的时候，死活不愿意再踏进校门半步。起初母亲不解，以为孩子进入了叛逆的青春期，还经常为此数落孩子的不是。直到有一天，母亲看到女儿的日记本，才知道女儿内心时刻承受着痛苦的煎熬，她这才意识到事情并不简单。

这个时候，母亲才想要知道孩子身上到底发生了什么。原来孩子在学校遭遇了同学排挤，甚至芳芳都不知道为什么，班里的同学就像躲避“瘟疫”一样躲着她。如此糟糕的情形，让原本是学霸的芳芳在念到初二后，再也无法踏进校园里。

此时母亲才开始后悔，她不禁想到，如果自己曾经能够俯下身来倾听下孩子的心声，能够不先入为主地坚持己见，或许就能够在孩子最需要人帮助的时候，站在孩子身边，就能够为孩子赶走阴霾，或许孩子就不会患上抑郁症。

在亲子沟通中，父母总是沟通过程中主动的一方，因此常常会不由自主地指责、埋怨孩子，认为孩子做得总是不对，眼前的问题还没有解决，就又想起孩子的一堆“不是”，认为孩子的一切解释都是“借口”，因此“新账旧账”一起算，很少会静下心来，听一听孩子要说什么，或是让自己有足够的耐心让孩子把话说完。

从另一个方面来讲，孩子虽然小，但他们希望自己能尽情地表达内心的感受，阐述自己真实的看法。一个说话能够被父母重视的孩子，他的自我表达能力会越来越棒，能够让孩子在诉说的

过程当中更加明确内心的想法，并且还会让孩子成为一个社交小达人，并变得越来越自信。

父母的支持，让孩子更勇敢做自己

有这样一则寓言，讲述了一棵小番茄最终长成“西瓜树”的故事。

有一棵很小的番茄树，它每天都在安静与快乐中生长着。有一天，有一个人告诉它，只要它努力，就可以长得很大，可以结出像西瓜一样大、像香瓜一样香、像苹果一样营养丰富的果实。

听了这个人的话，小番茄很努力地吸取营养，让自己变得更强壮一些。可等到结果的时候，它的果实仍然只是小小的番茄。比这更糟糕的是，现在的小番茄树不再以为自己是番茄树了，它到处与人说，夸耀自己是一棵西瓜树、苹果树。

一个人最悲哀的事情是什么呢？就是失去自我，不知道自己想要成为什么样的人，也不知道自己喜欢什么，混混沌沌度过漫长的一生。或许有的人会在生命的最后一刻回想起最初的自己，会遗憾这一生没能去做自己最想做的事情。或许有的人直到生命的最后一刻，也没有弄明白自己为什么而活。

我们自然不希望自己的孩子如此庸庸碌碌地活一辈子，因为人只有心有所向，生活才能充满活力，只有过着想要的生活，做着最本色的自己，才能获得真正的快乐。

提起蔡志忠，人们都知道他是一位非常著名的画家，但是却很少有人知道，他也是一名非常具有教子智慧的父亲。

有一次，蔡志忠的妻子到法国出差，蔡志忠临时承担了接送女儿上钢琴课的责任。当车子开到了钢琴学校外时，女儿却坐在

车上闷闷不乐，不愿意下车。蔡志忠便问女儿为什么不开心，女儿说她并不喜欢弹钢琴，她喜欢的是吹笛子，但是妈妈却认为钢琴比笛子更有用，所以强制她报了钢琴课。

蔡志忠听了女儿的话，二话没说就调转车头开回了家。女儿有些担心，因为妈妈刚交了4000多块钱的学费，如果不学钢琴了，人家也不退钱该怎么办？蔡志忠却说："那就只好算了。"蔡志忠认为，4000多块钱虽然不是一个小数目，但是孩子的快乐更加重要。家里节省一点儿总是可以把这笔钱再挣出来，可孩子的快乐是用钱买不到的。为了打消女儿的顾虑，蔡志忠还给女儿讲了一个装修老师傅的故事。

那是一名50多岁的木工师傅，在给蔡志忠进行新店装修的时候，发现蔡志忠竟然忘记了大门的设计。于是师傅便把他的发现告诉了蔡志忠，意思是让蔡志忠赶紧拿个主意，究竟要做一扇什么样的大门。

但是蔡志忠却将大门的设计权全权交给了这位老木工，他告诉老师傅觉得怎样高兴就怎样去做，他绝对不插手参与，而且保证事后绝不反悔。老师傅听了这个决定，特别高兴，他将所有的工作都交给了别人，自己一心投入到了对大门的设计当中，就像一个小学生般，专心地画图纸，细心地比量。

结果，仅仅用了3天的时间，新店的大门就设计好了，这个大门意外地得到了大家的一致好评。事后，木匠老师傅表示，这是他一生中最重要的、最高兴的3天。因为以前他都是按照别人设计的图纸施工，不能掺杂一点点自己的想法，就算图样很差，他也只能照办不误。只有这一次，他真正按照自己的想法做出了一件成品，真正地做了一回自己。

蔡志忠希望女儿能够勇敢地做自己想做的事情，不要为了成为爸爸妈妈眼中的“好孩子”而委曲求全。

但是生活中，有太多孩子被父母教育着做一个“听话”的孩子，父母看到别人家的小孩在学什么，就让自己的孩子也学什么，看到别人的孩子是个小画家，就会让自己的孩子至少也得成个小书法家，盲目地跟风学习，却从来没有考虑过，这到底是不是孩子想要的生活。

孩子不是工厂里流水线上的产品，必须千篇一律。他们的发展应该是充满了多样性，多元化的，每个孩子都有自己的智力领域，都有自己独特的成长轨迹，这样他们才能成为这个世界上独一无二的人，才能快快乐乐地做自己。

第四章

父母学会放手，孩子才能展翅高飞

什么样的孩子能够保持强烈的好奇心？什么样的孩子心思活泛、头脑灵活？什么样的孩子拥有很强的适应能力？答案是父母敢于放手的孩子！如果孩子总是生活在父母的羽翼之下，如果孩子的决定都是父母替着做，如果孩子从来没有自主选择的机会，那孩子的适应能力从何而来呢？又何谈真正的成长？有远见的父母，会早早培养起孩子独立自主的能力，让孩子从小便拥有适应社会的本事，只有这样，孩子才能飞向更高更远的地方。

儿时不竞争，长大后才能赢得漂亮

竞争的力量会让一个人发挥出巨大的潜能，创造出惊人的成绩。所以，很多父母认为竞争意识要从小培养。因此他们喜欢给孩子灌输一些“弱肉强食”的道理，喜欢告诉孩子一些“如果你不努力，就要被别人超越”的话语。

这样的父母攀比心也比较重，喜欢计较一些可量化的外部得失，如：会背的唐诗比别人多几首？是否上了重点校？成绩排名如何？获得了多少种证书？等等，不仅引导孩子和他人比，更推动孩子和自己较劲，一旦“鸡娃”不成，就各种焦虑，丝毫不关注孩子内心的真实想法。

欢欢的妈妈和小桃的妈妈是好姐妹，因此两个女孩子也经常在一起玩耍。欢欢妈妈起初崇尚快乐教育，所以欢欢是一个开朗活泼又多才多艺的孩子。而小桃妈妈则比较看重成绩，因此小桃学习成绩特别好，却不够开朗大方，是一个性格有些内向的孩子。

原本两个小女孩无话不说，十分要好。可随着学业难度的增加，欢欢的成绩渐渐落在了后面。当欢欢拿着全班倒数的成绩回家后，欢欢的爸爸妈妈有些着急了，他们俩都是名牌大学毕业，有些无法接受自己的女儿比别人差的事实。

为了让欢欢的成绩跟上来，妈妈便给欢欢请了家庭教师，同时为了激励欢欢，还让小桃陪着欢欢一起学。老师比较偏爱学习好的小桃，所以在上课时，总是夸奖小桃，批评欢欢。这让欢欢心里很不舒服，而让欢欢心里更加不舒服的是，妈妈总是让她向小桃看齐。而小桃虽然学习成绩好，但是她的妈妈总是让她向欢欢学习，希望她能够像欢欢一样开朗大方呢。

老师和妈妈的做法，让欢欢对小桃的友情渐渐转化成了嫉妒，于是开始在学校里公然排挤小桃，这让本就性格内向的小桃在学

校里的生活异常艰难，因此也对欢欢心生怨恨，不愿再跟欢欢做朋友。

不管是欢欢的父母，还是小桃的父母，他们都在用自己的言语和行为告诉孩子，你必需超越别人，否则你就不够优秀。最后，欢欢从之前那个开朗活泼的小女孩，变成了一个嫉妒心强、爱发脾气的人，小桃在重重的心理压力下，越发沉默寡言，学习成绩也呈现出了下滑的趋势。

社会是需要竞争不假，但那是成年人之间的生存法则，父母将“竞争意识”早早灌输给孩子，这看似长远的想法，实际上却是短见。一来父母过分高估了“竞争”的正面意义，二来父母忽略了孩子童年的主要任务应该是什么。

孩子的童年是一个非常独特的年龄段，有自己独特的任务。他们的任务不是向外延展，而是向内积累。刚刚出生的小婴儿，懵懂无知，四肢无力，柔软得像一片云朵，他们要成长为一个强壮的大人，需要经历漫长的时光。这是大自然的精心安排，它要为每一种有巨大潜能的生命，留出足够的积蓄能量的时间。就像麦苗从小绿芽过渡到麦穗茁壮需要时间和阳光雨露一样，孩子的成长也需要较为漫长的岁月以及严格的、不可逾越的顺序。而这个过程，就是孩子向内积累的过程。

孩子若是在这个时期内，能够关注自我的成长，让自己的内在力量变得强大，那么他们才有可能很好地把控自己，未来才有可能处理好自己和世界的关系，在人生中获得主动权。但如果孩子的注意力被转移到各种“比”的事情上，自我成长力量就开始分散，而竞争带来的焦虑感又会更多地消耗孩子的精力，让孩子内心变得越来越羸弱。

因此，面对一个弱小而又有无限潜力的孩子，与其着力培养其“竞争意识”，不如专心培养他的良好品格。因为每一种好品格都可以催化出面对世界、面对困难的能力和勇气，好品格本身就是竞争力。

就像老子说的“夫唯不争，故莫能与之争”，放下竞争意识，才能拿起竞争能力。只有童年不活在各种“比拼”中，心中才能生出大格局，从小就不竞争，才有能量在长大后赢的漂亮。

想要孩子高飞，就不要剪断他的翅膀

在科技创新的领域里，美国始终走在世界的前列，这或许跟美国《公民权法》中的两项规定有关，这两项规定分别是：幼儿在学校期间有玩的权利；幼儿在学校中有问“为什么”的权利。

而美国制定下这样两项规定，据说跟美国历史上一个精神赔偿案有关。

那是发生在1968年的事情，一个3岁的小女孩指着礼品盒上的“OPEN”，对妈妈说她认识上面的第一个字母“O”，妈妈听后十分吃惊，忙问孩子是怎么认识的，孩子说是幼儿园的老师教的。妈妈表扬了孩子一番后，一张诉状将幼儿园告上了法庭，因为老师的教学方式限制了孩子的想象力。

孩子在上幼儿园之前，看到“O”的时候，会将“O”说成是太阳、鸡蛋、足球、苹果等各种圆形的东西，但是老师告诉孩子这是“O”，孩子就失去了想象的能力。所以这位妈妈认为幼儿园应对此负责，并进行精神赔偿。

在法院开庭时，这位妈妈对法官说：“我曾在一个公园里见到两只天鹅，一只被剪去了左边的翅膀，放在较大的水塘里；另一只完好无损，放在很小的水塘里。管理人员说，这样能防止它们逃跑，剪去左边翅膀的天鹅因无法保持身体平衡而无法飞行；在小水塘里的天鹅因没有足够的滑翔路程，也只能待在水里。现在，我女儿就犹如一只被剪了翅膀的天鹅，他们剪掉了她想象的翅膀，过早地把她投进了那片只有ABC的小水塘。”

陪审团的成员们都觉得这位妈妈的话十分有道理，深感赞同，最终法官判定幼儿园败诉。

美国第 28 任总统威尔逊曾说过：“人类因梦想而伟大，所有的成功者都是大梦想家。”但是现实中一些父母却不这么认为，当孩子骑着扫把满屋子跑，说以后要当拯救世界的大英雄时，父母会说：“那都是童话世界里骗人的把戏。”当孩子拿着化妆品在自已脸上涂涂抹抹，说以后要当化妆师时，父母说孩子就知道臭美，不知道好好学习……

其实，不管孩子的梦想是伟大的，还是平凡的，不管孩子说以后要当环卫工，还是要当科学家，孩子的梦想都是宝贵的，

是值得父母去珍视的。如果父母对孩子的梦想进行冷嘲热讽，那孩子可能就会渐渐淡忘了他的梦想；如果父母对孩子的梦想指手画脚，那孩子的梦想很可能会就此夭折；渐渐地，他们会变得不会想，也不敢想了。

当一个孩子失去了“做梦”的能力，就跟被折断了翅膀的天鹅没有区别了。可悲的是，当他们长大以后，父母还要责怪他们为什么不会飞。我们想要孩子能够展翅高飞，就不能在孩子喜欢做梦的年龄里剪断他们追求梦想的翅膀。

达尔文的父亲是一名医生，他非常希望达尔文也能够成为一名医生，无奈的是，达尔文对学医丝毫不感兴趣。父亲又将达尔文送到了牧师那里，希望达尔文成为一名牧师，但是达尔文的兴趣也不在做牧师上。

在 7 岁那年，达尔文对植物和动物产生了浓厚的兴趣，每天他最喜欢的事情，就是搜集许多风干的植物和死去的昆虫。上学以后，达尔文依旧对动植物保持着相当高的热情，常常在课间活动的时候采集植物标本。有一次，正在采集植物标本的达尔文被校长看到了，校长狠狠地批评了达尔文，并说如果达尔文继续玩这些玩意儿，就将达尔文赶出校园。

回到家后，达尔文伤心地将这个消息告诉了自己的父亲，父亲对他说：“你不要在学校里采集标本，那样会影响功课。”

达尔文对父亲说：“我想世界上还有很多未被人们发现的奥

秘，我将来要周游世界，进行实地考察。”父亲此时意识到达尔文找到了自己感兴趣的领域，便将花园里的一间小棚子交给达尔文，让他做实验室，并对他说：“你要善于并敢于想象，你才能有所发现。”父亲的鼓励和支持使达尔文更加痴迷于自己的研究了。

最终，达尔文成为著名的生物学家，写出了足以影响整个人类的巨著——《物种起源》。对此，达尔文说：“没有想象，一切都不会存在。”

任何一个孩子，原本在内心深处都有属于自己的那个梦想。孩子的梦想不只是梦想，更是孩子对未来生活的向往，一次次看似异想天开的想法，以后很有可能会成为他们一生努力奋斗的事业。就像毕淑敏说的：“尊重孩子的梦想，让孩子一生幸福，就是最大的成功。”

世界很美好，但也要学会自我保护

善良是一种美好的品质，因此，几乎所有父母都会教孩子善良，但是不知道有多少父母在教育孩子善良的同时，也告诉过孩

子“要对这个世界保持警惕”，因为这个世界虽然很美好，但是也有阴暗的角落。

父母最不能忍受的事情，就是孩子受到伤害，所以父母会想尽办法保护孩子，企图将一切危险置于孩子身外，但是最近几年儿童遭受伤害的案件却频频出现在大众的视线中。

小元的父母非常善良，也经常教导小元要善良，却没有告诉她“害人之心不可有，防人之心不可无”。

一天下了晚自习后，小元独自一人走在回家的路上，看到浑身被雨水淋透了的老人站在路边拦人，很多人都对此不予理睬，小元看老人很可怜，就停下了回家的脚步。老人说他身体有些不舒服，问小元能不能送他回家。小元几乎想都没想，就答应了老人的请求。到了老人家楼下的时候，老人又问小元，能不能送他上楼？小元再一次答应了他的请求。

在家等待小元放学的父母，一直等到了夜里11点也没有见孩子回来，打了多通电话，也没有接通，赶紧报了警。然而警察根据监控视频中的录像，只能看到小元跟着一个面目不清的老人离开了，然后就再也找不到小元的踪迹了。

此后几天，警察一直在这附近搜索，但都一无所获。直到一个星期后，小元的尸体在护城河里被捞出。经过警察夜以继日地破案追踪，终于锁定了嫌疑犯。原来他们是一个犯罪团伙，一个老人在外面骗取他人的同情，等把人骗到家里，他们就会把人迷晕，然后连夜卖到深山里去。当天小元一进屋，就觉得不对劲儿，转身就想跑，结果控制她的人用力过大，不小心将小元给捂死了，最后小元被抛尸河内。

在小元的眼中，老人曾经只是一个被淋湿、身体有些不舒服的可怜大叔，她的天真和善良，让她没有任何防备之心。她无论如何也想不到，当初站在她面前的，是一只披着人皮的恶魔。

人之初性本善，孩子从出生起，他所看见的世界就是温暖而美好的，父母的疼爱和呵护，让他们相信这个世界就是如此，因为没有经历过人性的黑暗，所以孩子无法在危险来临之际第一时间采取保护自己的措施，这是我们在教育上的缺失。所以，让孩子学会在危险来临之际如何自保，是父母必须给孩子上的一课。

有一个叫刘瑾妮的年轻女孩，在独自去法国旅游时差一点儿就成为第二个章莹颖，但是机智的她，在最后的关头躲过了危险。

当时刘瑾妮入住的是当地声誉不错的酒店，睡到半夜时，忽然被电话吵醒，对方称自己是酒店的前台人员，需要刘瑾妮立刻离开房间，下楼更改入住信息。刘瑾妮并未在意，但是十分钟后，就有人上来敲门，要求她必须离开，却不回答她为什么要离开。

尽管刘瑾妮对此说法半信半疑，但是出于对酒店的信任，她还是答应了对方的要求，只是心里一直保持着警惕，在离开房间之前，将法国的报警电话设为了快捷键。然后在下楼之时，观察了楼梯、电梯、洗手间和火警箱的位置，并确定了逃生路线。

到了楼下后，她发现前台并没有工作人员，但是酒店门口却停着一辆面包车，车旁边站着一名身材高大的陌生男子，看到她后大步朝她走来。此时，刘瑾妮意识到了不对劲儿，她立马掉头跑回电梯内，按下了4~8层的电梯，然后在4楼下了电梯，躲进了保洁间，并利用之前设定好的快捷键报了警。

事后，刘瑾妮表示，她十分佩服自己的冷静，当时哪怕出现一点点的差错，她都会遇到十分严重的后果。

我们国家长治久安，人人安居乐业，在治安良好的地方，东西放在门口甚至都不会有人偷盗。这对人民来说是好事，但也很容易让人忘记了“思危”。未雨绸缪从来都不是多此一举，在孩子还没有遭遇危险之前，将如何应对危险的技能率先灌注到孩子的思想中，孩子才能够在危险真正来临之际知道该怎么做。

人心的复杂程度，没有人能够猜测得到。只有既知晓世界的美好，并温柔以待，又知道人心险恶，时刻保持警惕的孩子，才能够在危险来临之际，用理智的头脑为自己打开一道通往生存的大门。

温室里的花朵，经不起成长的风浪

很多人说，现在的孩子太“玻璃心”了，只要受到一点儿批评，无论严厉与否，他们就会大哭大闹，不愿意承认自己的错误，也没有承担问题的勇气，只要遇到一点儿挫折，就会怨天尤人。

有的父母恨不能时时刻刻都陪在孩子身边，冷了替他们穿衣，渴了喂他们喝水，帮他们看着前面的路，生怕他们摔倒，殚精竭虑想要为孩子挡下一切风雨。在这种环境下成长起来的孩子，就像是温室里的花朵，经不起一点儿风雨。

还有的父母，长期给孩子施压，只要孩子犯下一点儿错误，就对孩子大加惩罚，导致孩子什么也不敢尝试，因为不尝试就不会错，不会错就不会被惩罚。一个连正面生活的勇气都没有的孩子，又有什么能力来面对生活中的困境呢?

但在人生的道路上，处处都有坎坷，时时都有磨难，若是孩子一点儿打击都禁受不住，又怎么能够在漫长的人生道路中，活出自己的一片精彩天地呢? 毕竟父母再有本事，也不能陪伴孩子一生，金钱再多，也终究不是万能的。人生道路上的不平，只能孩子自己去踏平，人生道路上的苦难，也只能孩子自己去战胜。

因此，有远见的父母，会从小培养孩子的逆商，让孩子练就强大的心理素质，无论被生活摧毁多少次，都能够重振旗鼓，再次扬帆起航。

1998 年高考结束放榜后，有一位少年上了微博的热搜榜，这个少年并不是什么省内的高考状元，但是他的分数也不低，考了 684 分，在省内排第 171 名。分数出来后的第二天，国内知名大学——清华大学的招生办就给这个少年打了电话。

这个少年究竟有什么魅力得到清华大学的如此青睐呢? 当摄像头对向他的时候,所有人都惊呆了,他是一名截肢少年。两年前，正在读高二，并且成绩优异的他准备参加中科大少年班的选拔，他通过选拔的概率非常高。但不幸的是，在去拍摄填表照片的路上，他被一辆超载的重型渣土车撞倒了，等他醒来时，他已经躺在了医院的病床上，左小腿被截肢，右腿骨折且表皮大面积脱落。

这样的情况，别说参加中科院少年班的选拔了，就连第二年的高考，他都无法参加了。换做他人，一定会怨天尤人，甚至可

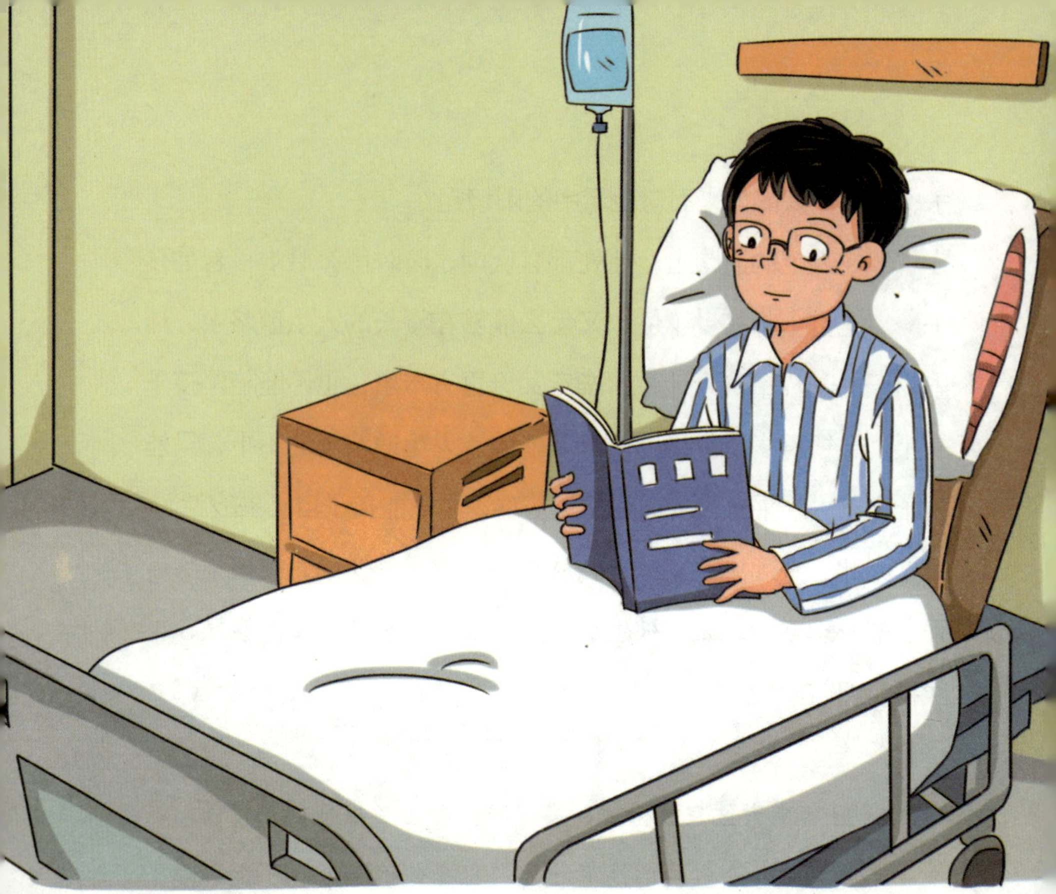

能一蹶不振。但是少年的身体稍有好转，他就拿起了书本，躺在病床上复习起来。躺着学累了，就坐起来靠着妈妈学一会儿。

经过了漫长的7个月，经历了大大小小8次手术，少年终于再次回到了校园中，并在高考中取得了优异的成绩。那些不了解少年的人，只看到他是一个有着灿烂笑容、阳光帅气的大小伙子，而从他的脸上，丝毫看不出他曾经历过怎样的逆境。

李玫瑾教授说过，一个人的情商和智商很重要，它可以帮助你在做大事时更加游刃有余，为你的成功锦上添花；但真正决定人生格局的，是对待逆境时的态度，是人的抗逆力。双商可以决定孩子能够走多高，但抗逆力却可以决定孩子能走多远。

可以说，一个抗逆力强的人，即便你将他扔进淤泥里，他也会努力开出一朵灿烂的花，这样的人想不成功都难。所以，作为父母，我们再怎么爱自己的孩子，也要讲究方法，并不是为孩子包办一切就是为孩子好，真正的为孩子好，是将孩子推出去，让孩子经历失败，遭遇挫折，并陪着他们一起走过困境。

允许孩子犯错，错了才知对

父母对孩子的爱，可以说是这个世界上最无私的爱，父母甚至可以为了孩子付出自己的生命。但是当父母面对孩子成长中出现的一些小错误时，又往往表现出不能容忍的样子。

为什么愿意为了孩子付出一切的父母，却无法容忍孩子的一些小小失误呢？明明我们对孩子的爱是那么伟大而无私，孩子体会到的却是父母总是抓着他们的错处斤斤计较。

归根究底，原因在于父母对孩子的期待太高了，期待自己的孩子是一个完美的孩子，所以不允许孩子犯一丁点儿错误。但是这个世界上根本不存在完美的人，又怎么能有完美的孩子呢？

作为孩子，在他们心智还不完全成熟的时候，做错事情是很正常的表现，今天丢块橡皮，明天打碎个杯子，后天跟弟弟妹妹打了一架，这恰恰是符合他们这个年龄段的表现。这些无伤大雅的小错误，原本成本并不高，但是如果父母因此对孩子进行打骂或是惩罚，则会提高孩子的犯错成本，让孩子害怕犯错，不敢犯错。

如果一个孩子成长在不允许犯错的环境中，那么他在面对错误的时候，往往支支吾吾，不敢承认，甚至会撒谎掩盖。

著名教育学者尹建莉曾说："童年需要'试错'，需要孩子'不听话'。不允许孩子犯错误，要孩子事事听命于家长，这犹如不允许学走路的孩子摔跤一样，是以暂时的、表面的完美取代长久的、内在的完善。"

尹建莉孩子的奶奶家，在内蒙古的牧区。牧区没有自来水，人们用水的时候，都是从院子里的水井里打上来，再将水储存在厨房的水缸里，一家人吃喝时就用小瓢从缸里舀水。

但女儿园园并不知道这一点，第一次去奶奶家时，当她想洗手的时候，直接拿着脸盆去水缸里舀水了。要知道脸盆的外面长时间不清洗，藏着很多细菌，脸盆一下去，一缸水就不能用了。所以当妈妈和奶奶看到园园的动作时，都下意识地惊呼了一声。这一声惊叫将园园吓了一跳，顿时手足无措地站在那里不知如何是好。

奶奶连忙笑着说："城里的孩子只会用水龙头接水，还不知道大水缸里的水怎么用呢！"

后来，园园知道了水缸里的水要用小瓢舀出来使用，也知道了大水缸里的水是从哪里来的，并把奶奶院里的鸡、羊、猪的饮水池里都加满了水，跟爸爸一起用了一下午的时间把水缸清洗干净了，并换上了干净的水。

接纳孩子，现在已经成为越来越多父母的共识。但是要真正做到接纳孩子，不仅要接纳孩子的主体性，承认孩子是一个独立的个体，是超脱于父母意志之外的存在，更要做到接纳犯错误的孩子。不要说是孩子，就是大人也不能保证自己永不犯错。

孩子的每一次"犯错"都是在了解这个世界的规则，阻止孩子"犯错"，等于剥夺了孩子独立与世界相处的机会。犯错并不可怕，反而是教孩子正确地面对并处理错误的好机会。

有网友曾分享过一段她儿时的经历。小时候父母忙着生计顾不上管她，有一次她看到桌子上放着一些零钱，便拿着这些零钱跑出去，带着自己的小伙伴们到小卖铺购物，买了许多零食和玩具，将钱花得一分也不剩。

晚上妈妈回来，看到钱不在了，就问她拿了没有，她实话实说，告诉了妈妈钱的去向。结果妈妈听完，拿起木棍，狠狠地抽打在她身上，一边打一边骂："让你拿父母的钱，让你去装阔，拿自己家钱去请客！你知不知道你爸妈每天有多累！”

她只知道身上很痛，却不知道妈妈为什么会发那么大火，大人不也经常请客吃饭吗？父母也经常给她零用钱啊，为什么这一次就要挨打呢？

不一会儿父亲回来了，父亲得知事情的原委后，拉过她的手，跟她说：“第一，父母没有说给你的钱，就不能拿，如果要拿，必须要经过父母的同意。第二，可以请小朋友吃零食，但是要在自己能力范围之内。”

她这才知道，自己究竟错在了哪里，从那以后，她再也没有偷拿过家里一分钱。

心理学和生活常识早就告诉我们，一个人做某件事的精细程度和熟练程度有关，粗糙和失误是万事开始阶段的必然，只有经历过失误，并在失误中不断总结经验，才能越做越精准。孩子有时候会犯错，是因为他们不知道正确的做法是什么。孩子不会天生就会揣摩成人的想法，很多时候孩子犯下的“错误”，只不过是孩子的行为和大人预想的结果不一致罢了。所以孩子需要的永远都不是责备和大道理，而是知道自己可以怎么做。

错误从来就不可怕，可怕的是父母一直追求“正确而完美”的成长路线，不允许孩子犯一点点错误。在注定会犯错的人生里，允许孩子犯错，并接纳孩子犯下的错，是父母给孩子最好的礼物。

做好“后盾”，让孩子大胆去尝试

想要知道螃蟹的滋味，就要亲自去尝一尝，否则怎么会知道那坚硬的外壳下，藏着怎样的新鲜美味呢？孩子的成长也是如此。对孩子而言，好奇心是他们的天性，他们通过模仿和尝试来增长对这个世界的认知，无论什么事情，孩子想要了解得更加透彻，就需要亲自去尝试。

可现实中很多父母总是阻止孩子进行各种尝试，因为有的尝试会产生危险，所以为了孩子的安全，父母宁可孩子不去尝试；而有的尝试父母一早就知道了结局，避免孩子浪费时间，所以直接将答案告诉了孩子。

父母认为这是对孩子的爱，实际上却是对孩子的一种伤害，因为孩子失去了主动尝试的机会，同时也就失去了主动做事的积极性，时间长了，就会造成孩子依赖他人的性格，心里也会变得更加胆怯，无论做什么事情都没有勇气去尝试了。

孩子小时候，尚可以在父母的羽翼下生存，孩子长大以后呢？这个世界终究还是要孩子自己去闯荡的，闯荡世界没有点儿探索精神又怎么能行呢？一位儿童心理学家说："人应该有探索，有追求。"

俗话说："初生牛犊不怕虎。"孩子本来是无所畏惧的，他们喜欢探索一切未知的事物。这时候，身为父母我们要做的不是阻拦，而是支持。

有一个小女孩，她从小和母亲相依为命。母亲文化程度不高，只能在菜市场里做卫生清洁员。每天妈妈下班后，都会从市场买一些卖不掉的蔬菜回家，而最常买回家的，就是豆芽。有一天，女孩问妈妈："为什么总是买豆芽呢？"妈妈回答她说："因为豆芽比较便宜。"

女儿听了，问妈妈道："那我们是不是也能种些豆苗呢？这样就省下了买豆苗的钱。"

对于一个从来没有种植过蔬菜的人来说，这样的想法未免有些不切实际。但是妈妈却没有驳回孩子的建议，而是说：“我们可以试一试。”

她们用心准备了土壤和种子，但是因为缺乏相关的经验，豆芽没有种出来。但是母女二人并没有因此放弃，她们又进行了第二次尝试，结果第二次的豆芽枯死了。接着她们又开始了第三次的尝试，依旧是失败了。

这几次失败让她们本就不富裕的家庭，更加拮据了，看着越来越少的存款，还有女儿依旧向往的神情，妈妈决定陪女儿继续尝试下去。为此，只有小学四年级文化水平的妈妈，专门找到了豆芽培植基地，询问技术人员培植豆芽的窍门。在母女不懈的努力下，她们终于种出了豆苗。

后来女儿成了一名生物学家，正是妈妈那一句“我们试试”，像一剂神奇的养料，给小女孩的成长之路，注入了无限的动力。

父母对孩子的支持，与文化程度并无多大关系。格局大的父母，会想方设法去满足孩子的好奇心，无论前方的答案是什么，都会鼓励孩子去试一试。尝试成功自古无，自古成功在尝试。任何事情在没有做之前，谁也无法断定它是否成功，但成功的事物都是从尝试开始的。即便失败了也没有关系，因为最重要的是勇于尝试的过程，而不是最终的结果。

常言说得好：“抱大的孩子不会走。”孩子只有亲自尝试了，才能知道什么应该做，什么不应该做；才能知道什么适合自己，什么不适合自己。只有他们亲自去尝试了，才能更加主动地去面对和解决困难，才能有战胜困难的勇气，才能不断地提高自己解决问题的能力。

给予孩子建议，尊重孩子的决定

现实中，经常听到很多父母这样对孩子说：

“你还小，什么都不懂，所以得爸爸妈妈帮你做决定。”

“我们先决定了，你只需要服从就可以了。”

“我们这么做不都是为了你好吗？就这样决定好了。”

“爸妈这么做完全是考虑到你未来的人生，等你长大了就知道了。”

因为爱，很多父母越俎代庖，自作主张地为孩子做出了“更好”的选择，但是孩子会开心吗？如果我们的选择恰巧是孩子的心意，那么孩子自然会感到开心，虽然他们更愿意这个选择是自己做出的；但如果我们的选择不是孩子心中所想，那么孩子绝对不会开心。

孩子两岁时，他们的自主意识就开始萌芽，三四岁时自主意识就已经开始发展。当孩子有了自主意识，就不愿意什么事情都听从父母的决定了，他们更愿意自己做决定，这是他们正常的心理需求。

如果这种需求长期不被满足，孩子的自主意识就会被抑制，自信心会受打击，影响孩子对自己的评价，很可能导致孩子产生消极的自我评价，而这一点可能会深植于他的内心。等到长大后，他们会变得缺乏判断力和选择的能力，同时也缺乏责任感，凡事依赖他人，缺乏自己的主见，这个时候父母再想培养孩子自己做主的能力，就很难了。相反，从小拥有决定权的孩子，才能学会为自己做出正确的选择。

当然了，因为年龄的原因，孩子在做出选择的时候，难免会出现失误。但是哪怕最后他们选错了、走了弯路，也是心甘情愿的。而且，小的时候决策失败的成本是最低的，等长大之后，因为经验的缺失，一旦决策错误，往往需要花费大量的精力财力才能补救。

所以，我们要把决定权留给孩子，培养孩子独立的人格，凡事自己思考，拥有自己的意见。会做决定也是一项生存技能，对孩子的未来很重要，而且人通常会对自己做出的决定更负责。

每一个优秀的孩子背后，都离不开父母爱的托举。晓阳出生在四川某个小镇的普通家庭中，从小她就表现出了不俗的射击天分。有一次，爸爸带晓阳去镇上玩，街上摆着一个射击的摊位，若是能打中 10 枪，就送一个毛绒玩具，晓阳立刻就被吸引了。没想到她第一次拿起枪，就取得十发九中的好成绩。而这一幕，正巧被省射击队的教练员看到了，教练员断定，若是晓阳经过专业的训练，日后一定能够为国争光。于是，教练员跟着晓阳他们回到了家，并对晓阳父母说明了想要招晓阳进训练队的想法。

晓阳的父母几乎是立即就回绝了教练员的“好意”，因为在父母看来，晓阳是女孩子，应该去学习一些舞蹈、绘画之类的特长，不应该整日玩枪弄剑的。可是晓阳不这么想，经过在小摊上的初次尝试，晓阳已经深深被射击这项运动吸引了。

等到教练员走后，晓阳对爸爸妈妈说，她想进入射击队。父母怕只是一时兴起，便将所有的问题铺开、揉碎摆在她的面前，让她自己做出思考，到底是选择一条中规中矩的人生道路，还是选择一条充满了冒险与挑战的人生路？孩子的未来有无数种可能，路要怎么走，还是要孩子自己选择才行。

晓阳认真地听父母分析完，最后还是坚持了自己的选择，而晓阳父母选择了支持孩子的决定。结果没有半年，晓阳就跟父母说，她不想学射击了，枯燥乏味，还十分辛苦。此时，晓阳父母

没有像上一次那样选择支持孩子的选择，而是对她说："爸妈不建议你半途而废，因为这是你自己选的道路，你应该坚持下去。"听了父母的话，晓阳选择了继续坚持下去。

将人生转折点的选择权交给孩子自己做决定，而父母只给予自己的建议，这是父母对孩子的尊重。

纪伯伦曾说："你的孩子其实不是你的孩子。孩子是他们自己的，尊重孩子，才是父母最温暖的养育。"

孩子的人生是自己的，他们有自己的思想，有自己的憧憬。父母可以引导，但不能霸占。真正的爱，不是压榨，不是剥削，更不是控制，而是尊重。对于父母来说，能为孩子做的最正确的事，不是让他一定要长成什么样子，而是给他足够的水分和养料，不管他最后开什么颜色的花，父母都能发自内心地为他鼓掌。

孩子也需要承担责任和使命

每个人的肩膀上都有一份属于自己的责任，需要独自去担当，孩子也不例外。

有的父母认为，孩子那么小，担不起什么事，所以常常跟在孩子屁股后头承担后果，这会导致孩子责任感缺失，今后更加随意地犯错误，越来越爱惹是生非，因为总会有人替他们承担后果。

有一个叫小磊的男孩，年仅18岁，就因为盗窃抢劫杀人等罪名被关进了监狱。追溯小磊的成长过程时，发现他之所以会走上歧途，跟他母亲的教育有很大的关系。

小磊的父亲酗酒成性，每次喝多了，就对小磊的母亲拳脚相向，最终无法忍受的小磊母亲选择了离婚，小磊被判给了父亲。母亲走以后，小磊便成了父亲的出气筒，父亲时常一边打他，一边咒骂他的母亲。这让小磊的身体和心理，常年承受着双重煎熬。

母亲的缺席和父亲的暴躁，让小磊的心理渐渐地扭曲了。等到母亲将他接回身边时，他的内心已经播种下了“恶”的种子。小磊母亲再婚后，将小磊接到了自己的身边。由于缺席了小磊几年的成长时光，母亲内心十分愧疚，因此极尽溺爱。小磊跟同学打架了，母亲代他去道歉；小磊逃学出去玩，母亲替他跟老师撒谎，躲过老师的责罚。小磊第一次因为偷窃被送进看守所，母亲交了巨额的保证金，将他从看守所中保释了出来。

母亲的包庇，不但没有让小磊迷途知返，反而令他更加肆无忌惮，从最初的偷窃变成了抢劫，最后变成了抢劫不成直接将人殴打致死。最后小磊因为多罪并罚，被处以了死缓的罪行。

面对小磊的罪有应得，母亲不但没有流露出一丝丝“恨铁不成钢”和愧疚之情，反而自责自己的能力不够，没能帮到小磊更多。

作为父母，在孩子犯下滔天大罪时，不但没有让孩子去承担应该承担的后果，反而还想方设法让孩子少受一些惩罚。正是小磊母亲这种“爱子之情”一步步将孩子推进了深渊。永远不要认为我们的孩子还小，等他长大了自然懂得承担后果。一个小时候因为赖床迟到，就有父母帮他写请假条，让他免除责罚的孩子，这辈子都学不会如何去承担自己该承担的责任。

真正爱孩子，是让孩子学会如何承担起人生的责任和使命，遇到事，不怕事，遇到问题，也不会退缩，成为一个顶天立地的人，而不是出了事只会喊“妈妈”的懦夫。

1922年，在美国中部的伊利诺伊州，一个小男孩出生了。11岁时，这个小男孩在外面踢足球，一脚踢出去后，足球不偏不倚地落在了邻居家的窗户上，窗户上的玻璃被打碎了。邻居要求赔偿12.5美元，这可不是一个小数目，在当时可以买125只老母鸡。

父亲知道此事后，虽然帮他垫付了钱，但是要求他自己来承担这个后果，这12.5美元是父亲借给他的钱，要他一年以后还清。小男孩答应了下来，从此以后，他每天想尽一切办法打工赚钱，然后从不舍得乱花一分钱，终于他攒够了12.5美元还给了父亲。

这个小男孩名叫“里根”，曾任美国第49、50届总统。在美国历史上，里根是深受美国民众喜爱的总统之一，美国民众将他与华盛顿、林肯、罗斯福并称为美国最伟大的四位总统。

当了总统以后，记者问里根，是如何成为总统的，里根就给记者讲了以上这个故事。是强大的责任心，让里根从一个好莱坞的三流演员，成为万人敬仰的大总统。

把解决问题的责任和权利留给孩子，让他们自己想办法，如果孩子需要帮助，那父母要告诉孩子，提供帮助可以，但这本该是他自己承担的责任，父母的爱虽然是无限的，但是帮助是有限的。

只有孩子懂得了自己的一举一动都会产生相应的后果，那么他们才能在今后的成长过程中，变得越来越有责任感，为自己的行为负责。

第五章

父母给孩子最好的礼物——成长型思维

孩子在不停地成长，过去不能代表他们的现在，现在也不能代表他们的未来。用成长型思维对待孩子，会发现孩子身上以前没有被发现的长处，也会发现曾经的短处变成了长处。用发展的眼光看待孩子，接纳孩子，相信孩子，鼓励孩子，不要以自己的条条框框来限制孩子，也不要只看眼前不看以后，做学习型的父母，跟随着孩子的脚步一同成长，相信我们的孩子未来一定会很好。

孩子的未来，比眼前的利益更加重要

有这样一个小男孩，他出生在一个贫困的家庭，早早辍学在家，但因为长相酷似某一世界名人，所以被某经纪公司签约成为了艺人。小小年纪便游走在各大城市之间，一时间赚取了不菲的收入，极大地改变了家庭的经济条件。然而，没过多久，男孩便不再受欢迎，赚不到钱的经纪公司便选择了解约，男孩只好再次回到了家乡。可是现在的他，既错过了上学的年龄，又没有任何特长和能力，只能等着“坐吃山空”。

其实，在这个小男孩刚刚出名的时候，就有一个企业家表明，愿意出资供他上学，但是男孩的父母却觉得上了学也不一定能够挣到大钱，还不如去当艺人，至少现在就能挣到钱。但他们却没有想到，没有过硬的本领，也没有知识文化，是无法得到一张“长期饭票”的。

父母缺乏长远的眼光，只注重眼前的利益，耽误的是孩子的一生。男孩的例子虽然有一定的特殊性，但是生活中不乏像男孩一样的孩子，因为父母急功近利，只教会他们注重眼前利益，导致了孩子对人生没有长远的打算，活成了“伤仲永”。

一个人，即便再富有，如果没有大的格局，也会有衰败的一天，因为他永远也挣不到他认知以外的钱。

童年时期，正是孩子构建知识体系的重要阶段，父母给孩子输入什么样的价值观和世界观，那么他们得到的就是什么样的价值观和世界观。若是此时被父母灌输了肤浅有害的信息，那么孩子的一生都将受此影响。那些目光短浅，急功近利的父母，表面上是给孩子铺了一条前程似锦的路，实际上，是把孩子推进了鲜花覆盖的陷阱。

《战国策》中的名篇《触龙说赵太后》有言："父母之爱子，则为之计深远。"意思是说，天下之大爱就是父母爱孩子的那种爱，父母爱孩子，就要为孩子的长远考虑，把孩子的未来都考虑好了。

这句话放在现在，依旧十分受用。爱孩子是每一个父母都会做的事情，但是孩子能走多远，能站多高，却是父母教育的智慧，是父母无形中传达给孩子的信息，决定了孩子将来的前途命运。

高尔基曾说过："爱护自己的孩子，这是母鸡都会做的，但教育好孩子却是一门艺术。"如果父母教育孩子，只看重当下的利益，那么孩子的命运终究是可悲的。所谓的寒门难出贵子，很大一部分原因是父母没有远见，不会为自己的孩子"计深远"。而如果父母能够懂得孩子的未来比眼前的利益更重要，那孩子的未来则不可限量。

晓勤出生在一个较为贫困的家庭，全家的生计都靠着父亲在外打工来维持。晓勤懂得父母不易，因此学习格外用功。然而，在晓勤13岁那一年，父亲因为意外瘫痪，家里一下子失去了经济支柱。看着整日愁眉苦脸的母亲，懂事的晓勤向学校提出了退学，然后准备外出打工，为家里减轻负担。

妈妈得知后，狠狠地给了晓勤一巴掌，对他说："如果你现在出去打工，那一辈子只能是打工仔，跟你爸爸妈妈一样，做着最累最苦的活。但如果你去上学，就有能力改变自己的命运，改变整个家庭的命运。”

听了妈妈的话，晓勤心里憋着一股劲儿，再次回到了校园里。妈妈为了维持生计，到离家很远的砖窑去搬砖。晓勤一边更加努力地读书，一边帮助妈妈照顾爸爸。就这样，晓勤以优异的成绩考上了高中，但是晓勤担心妈妈又要挣钱又要照顾爸爸，会太过于辛苦，便再次生出了退学的念头。

学校得知了晓勤的困难后，不但免费让晓勤住宿，还愿意让晓勤的妈妈到学校里做勤杂工。三年后，晓勤以优异的成绩考上了重点大学。在大学里，他一边上学一边打工，年年还能够得到学校的奖学金，他已经完全依靠自己的能力养活了自己，养活了爸爸妈妈。

最后果真如妈妈所说，毕业后他进了一家大企业，实现了人生的逆转，改变了自己的命运。

父母在培养孩子的道路上，要学会放弃眼前的诱惑，不被暂时的利益扰乱心智，不做缺乏长远目光的选择，只有这样，才能帮助孩子获得更长远的发展。

请用发展的眼光看待孩子

有的父母很爱当预言家，孩子一年级时考试考了 70 分，父母就会说："你这样将来上不了好大学，找不到好工作，只能上街去乞讨。"孩子不愿意端水给父母喝，父母就会说："现在就指望不上，等我老了也指望不上你了，我看是白养你了。"

地球没有一刻停止转动，世界也没有一刻不在发生着改变，就像在 30 年前，没有人能够想到移动支付成为趋势，那父母凭什么就断定孩子的未来一定会如自己所言呢？

由此可见，在说不清"意外和明天"谁先到来时，任何对未来的预言都不是真的。可悲的是，父母的预言能不能成真还不知道，却会在一定程度上严重影响孩子的发展。当父母长期用固有的印象看待孩子时，孩子会不敢向父母表达自己的想法，因为等待孩子的往往是父母的否定和打击。当孩子无力反驳父母时，他们便逐渐开始认同父母的想法，认为自己就是一个"无能"的人，从而变得越来越不自信，也不愿意展现和表达自己了。

心理学教授菲利普曾做过这样一个实验，他以每天 15 美元的工资雇用了一批身体健康、心理稳定、遵纪守法的好学生来参加实验，然后将他们带到了事先改造好的“教室”里，之后便对他们进行角色分配。分配的方式以抽签的方式进行，一部分扮演“老师”，一部分人扮演“学生”。“老师”穿着职业装，“学生”穿着校服。

实验开始后，“老师”们都站在讲台上讲课。刚开始，同学们都知道这仅仅是一个实验，所以没有感觉到丝毫不妥，完全当作游戏一般，没有人认真对待。当不听话的“学生”被老师责罚，甚至是赶出“教室”后，双方还能够隔着栅栏聊天。但是没过多久，有“学生”开始不服了，反抗“老师”说：“我们只是在玩游戏，

你们不过是运气好，抽中了老师而已，并没有资格管我们。”

可是这样的反抗并没有维持多久，“学生”们渐渐认同了自己的角色，并出现讨好“老师”的行为。这场原计划持续半个月的实验，只维持了一个星期就结束了，因为菲利普教授觉得“定性”对孩子的影响太大了，在此后长达一年的时间里，他都对参加实验的学生进行心理辅导，帮助他们尽快回归到正常的社会角色当中。

这个实验结果当初一经发表，就引起了教育界的轰动。因为这个实验很好地诠释了心理暗示的作用，也让很多父母明白了，为什么孩子在刚出生时各方面的表现都差不多，但是随着成长产生了巨大的差异。原因就在于，有的父母会用发展的眼光看待孩子，他们不会对孩子的未来轻易下结论，只会鼓励孩子当下所做的有益行为。但是有的父母会过早地对孩子的未来下定论，仅凭孩子一时的行为，就断定孩子以后的成长走向。孩子就是在这样一次又一次的心理暗示下，差距变得越来越大。有的孩子认为自己的未来有无数种可能，他们会为了得到最好的结果而持续努力，而有的孩子则认为自己已经没有什么前途可言了，所以变得“破罐子破摔”起来。

父母现在看到孩子身上的缺点，并不是不可逆转的，因为孩子是不断成长的，随着他们心智的不断成熟，认知能力不断发展，潜能也不断被开发，再加上父母的正确引导，这些缺点必然会得到改善。

有句话说得好，当孩子还小时，父母尚能够做到引领；当孩子再大一些时，父母能够做到的只有陪伴；而当孩子已经长大了时，父母能够做到的就只有仰望了。所以说，孩子是一个不断发展的个体，他们会成长，会改变，会超越自己的父母。

因此，有格局的父母永远不会凭自己有限的经验，来定论孩子无限的未来。三岁不一定能看到大，七岁也不一定能够看到老，唯物辩证法强调世界上的事物是运动、变化、发展的，不存在一成不变的东西，只要父母引导得好，今天的“淘气包”，也许就是明天的优等生。

物以类聚，孩子却不能以“群分”

在教育孩子的过程中，父母最常犯的错误就是给孩子分类，然后贴上“标签”，而且这些“标签”大多数还是负面的。比如孩子看电视时间久了一点儿，就会说孩子：“你就看电视积极，学习一点儿也不积极。”

父母这种贴“标签”的行为，本质上源于父母对孩子成长过程中所出现问题的一种焦虑与恐惧，想要加深孩子对此行为的认知，以此来刺激孩子，希望孩子能够改正。殊不知，父母这样粗暴的分类，只会让自己失去一双公平、公正的眼睛，以错误的方式去对待孩子，使孩子对自己的认知也出现偏差。

丽丽有三个孩子：老大雪儿，老二星儿，小弟小雨。因为雪儿乖巧懂事学习成绩好，就被丽丽归为了“好孩子”，而老二星儿淘气顽皮不爱学习，所以在丽丽眼里就是“坏孩子”。

有一次，星儿将家里的玻璃都擦干净了，然后满心欢喜地等着妈妈回来表扬自己，结果丽丽回来后不但没有表扬他，反而训斥他说：“你以为我不知道你？你不就是想通过擦玻璃逃避写作业吗？我还能冤枉了你？我正式通知你，你得不到我的表扬，回去做作业去！快去！”

妈妈的话让星儿沮丧到了极点，雪儿见状，想要安慰星儿，便假装和星儿一样趴在桌子上睡觉。丽丽见了，立刻将星儿叫醒，问道：“你昨天晚上又玩游戏机了吧？上网玩电脑了吧？”然后走到雪儿身边，关心地问道：“肯定是昨天晚上复习功课太晚了！快回房间睡，别着凉了。”

因为给星儿贴上了坏孩子的“标签”，所以无论星儿做了什么事，在丽丽眼里都不是好事；而被贴了好孩子“标签”的雪儿，即便做了坏事也会变成好事。更重要的是，父母的“标签”还会影响孩子一生的发展。

现代心理学指出，当一个人被一种词语名称贴上标签时，他就会做出自我印象管理，使自己的行为与所贴的标签内容相一致。这种现象是由于贴上标签后引起的，所以被称为“标签效应”，也被称为“暗示效应”。

之所以会出现这种效应，是因为“标签”具有定性导向的作用，无论是“好”还是“坏”，它对一个人的“个性意识的自我认同”都有强烈的影响作用。所以，当一个孩子总是被父母说“笨”时，就会在一次次的心理暗示中，加深对自己的这一认知，从而朝着“笨”的方向发展。

而从小被父母贴“标签”的孩子，就像是动物园里从小就被拴上了铁链的小象，就算有一天长大了，拥有了足够大的力气，却也仍旧没有挣脱铁链的勇气。因此，作为父母，我们切不可动不动就给孩子贴上“标签”，不要让标签限制孩子的成长。

美国著名人际关系学大师卡耐基从小就失去了母亲，缺少母亲疼爱的卡耐基十分淘气，时常让人头疼，父亲也不太喜欢他，觉得他是个坏孩子。

在卡耐基9岁那年，父亲又娶了一个新妻子。婚礼过后，父亲指着卡耐基对新妻子说：“亲爱的，希望你注意这个全郡最坏的男孩，他可让我头疼死了，说不定他就会在明天早晨拿石头丢向你，或是做出什么其他坏事，总之他会让你防不胜防。”

听了父亲的话，卡耐基立刻就用一种充满了敌意和挑衅的目光看着继母，想要给她点“颜色”看看。但是继母丝毫没有生气，只是微笑着走到他身边，托起他的头看着丈夫说：“你错了，他可不是全郡最坏的男孩，而是最聪明，但还没有找到发泄热忱的地方的男孩。”

卡耐基被继母的话震惊了，他没有想到这个素未谋面的女人对他的态度与父亲完全不同，这让卡耐基十分感动。从那以后，他收敛起了自己的脾气，努力去寻找能够发泄自己热忱的兴趣点。

卡耐基通过不断的努力，出版了著作《人性的弱点》，被西方世界视为社交技巧的圣经之一。

父母最正确的做法，就是撕掉贴在孩子身上的“标签”。当孩子出现不良的行为时就事论事，用具体的指导代替盲目的指责。当孩子表现不错时，也不要夸大其词，这样很容易让孩子迷失自我，并且一旦发现自己并不像父母所说的那样优秀时，他们便会对自己的优点失去信心，对父母的话失去信任。

总而言之，教育孩子需要父母十分细心，仔细观察孩子的每一个行为，对孩子实施具有个性化的教育，而不是给孩子贴上“标签”，将孩子笼统地归进“好孩子”或是“坏孩子”之中。

节俭是美德，但“穷人思维”要不得

在传统的教育中，父母都比较重视教育孩子养成“节俭”的美德，节俭的本意是不要浪费，但在有的父母的教育中变了“味”，给孩子花钱的时候反复强调金钱来之多么不易；在孩子要心仪的玩具时，反复跟孩子说“父母养家好辛苦”等。

在经济发展迅速的今天，这样的消费观念实际上已经落后于时代了。因为我们已经不需要再节衣缩食地过日子了，过分的节俭不但不会让社会进步，还会让社会止步不前。因为当一个孩子从小就被当成“穷人”来养，那么他一辈子都会是个“穷人”。这里的“穷”不是指物质上的匮乏，而是指内心的匮乏感。

有这样一个男孩子，他出生在极其偏僻、极其穷困的小山村里，他家最穷的时候，他出门连一条像样的裤子都没有。还好他头脑聪明，又肯用功学习，争取到了全家唯一一个上学的“名额”。

他也不负父母的期望，一路考上了大学，进了机关，成了干部。虽然再也不用过穷日子了，但是他依旧不舍得花钱，每天住在又破又小的老房子里，吃着一碗炸酱面就着蒜，每个月给母亲300元的生活费，出门就骑着自行车。表面上看，他跟普通的老百姓一样，甚至过得还有点寒酸。

谁也想不到，这样一个人竟利用自己的职务之便，先后贪污了1亿多人民币。检察官在搜查他家的时候，发现他家的角落里到处藏的都是钱，床上铺满了钱，床下塞满了钱，拉开帘子，墙上码着的，也是一摞又一摞的钱。这些钱他一分也不敢花，也不舍得花，就是每天在夜深人静的时候，坐在床边拿出来数，使劲儿地嗅着钱散发出来的味道，以此来感受到自己是个有钱人。

面对即将到来的牢狱之灾，他吓得腿都软了，哭着说，家里祖祖辈辈都是农民，他穷怕了。因为穷，他对金钱极度渴望，所以冒着触犯法律的危险收纳钱财，但也因为穷，他害怕再次受穷，所以有了钱也不敢花一分。真是又可恶又可悲。

这个人就是心理学中所说的“稀缺心态”，即“越缺什么，越在意什么”。如果说他的悲剧源于过于贫穷的家庭条件，那么在现实生活中，很多家庭并不贫困，但是父母却很善于“哭穷”，给孩子灌输“缺钱”的观念。次数多了，孩子可能就会如此人一般，形成强烈的“金钱崇拜”，由衷地觉得钱是个好东西，特别渴望赚钱，又特别不舍得花钱，从而严重影响自己的认知判断能力。

这样的孩子表面看起来乖巧懂事从来不乱要东西，但是这并

不代表他们就不需要，他们只是将内心的合理欲望悄悄地压抑了起来，更严重的是，这种自卑的心理会一直伴随着孩子，变得“不敢要”，甚至认为自己“不配要”。就算是有钱了，在他们的心中，自己的喜好或者是品位都是不重要的，只有价格是否便宜，才是他们最为关心的重点。孩子的思维和眼光，已经被刻意的“穷养”限制住了。这才是“穷养”最可怕的地方，不是物质上的贫乏，而是陷入了贫困的思维模式，无论日后有没有钱，都会“穷”下去，因为心已经“穷”了。

当然，我们说不要“穷养”孩子，并不是无限度地满足孩子的消费欲望，而是给孩子树立一种正确的金钱观念。当孩子想要一样东西时，与其跟孩子说“太贵了，咱家买不起”，不如跟孩子说“咱家每个月都有预算，这个月的预算已经花完了，下个月再买给你”；当孩子问咱家有没有钱时，与其跟孩子说“咱家没钱，你只有好好念书，将来才能挣钱养家”，不如跟孩子说“爸爸妈妈在十分努力地挣钱，会支持你去做你喜欢做的事情，以后你有本事挣钱了，咱家就会变得更有钱”……

我们养育孩子，并不是为了让他们背上沉重的家庭负担，只知道家里穷，这也买不起，那也不能买，而是让孩子明白有钱不能乱花，没钱也可以通过自己的努力挣到更多的钱。

赞扬孩子的努力，而非天赋

中国伟大的教育家陶行知先生，早在半个世纪之前就深刻地指出：教育孩子的全部秘密是解放孩子。而解放孩子，首先就要赏识孩子，没有赏识就没有教育。

现在越来越多的父母意识到了赞美的重要性，并且也在推崇“好孩子是夸出来的”这种教育理念，但如果你还在夸孩子“你真聪明”，那还不如不夸。斯坦福大学心理学教授卡罗尔·德韦克经过一系列的研究后告诉我们：“赞美孩子的天赋而非他的努力、策略和选择，是在慢性地扼杀他的成长型思维！”

为此，卡罗尔·德韦克教授专门做了一个实验：

她将同样年龄段的小朋友们分为两组，然后分别给他们同样难度的拼图。当孩子们将拼图完整地拼好后，她对其中一组学生进行这样的称赞：“你对拼图很有天分，你很聪明。”对另一组学生进行这样的称赞：“你刚才一定非常努力，所以表现十分出色。”

随后，让两组小朋友参加第二轮的拼图测试，并对拼图的难度进行了升级。在拼的过程中，孩子们都遇到了不同程度的困难，被夸聪明的那组孩子，表现出的是暴躁和易怒，他们反复说“越来越没意思了，我不想继续下去了”；而被夸努力的那组孩子，则显得平静了不少，面对他们解决不了的难题时，他们说得最多的是“我喜欢接受挑战，再试一试，我一定行”。

当被增加了难度的拼图再度给到孩子们手中时，被夸聪明的那组孩子大多数放弃了继续挑战，而被夸努力的那组孩子几乎全部选择了继续挑战。

出现这种结果的原因，就在于“夸奖”二字上。夸奖孩子聪明，确实可以在一定程度上增长孩子的自信，可以让孩子更好地完成某件事情，但是所能起到的作用也就一点点而已。因为孩子只相信在自己聪明范围内能够做到的事情，一旦他们经历了失败，他们就会选择放弃，因为只有放弃了才不会失败，不失败就证明自己依旧很聪明。

因此，父母夸孩子聪明，实际上是鼓励孩子用一种固定的心态看待自己，因为聪明是天生的，所以最初什么样，最终也会是什么样。当孩子长期陷在这种情绪之中时，他的内心会渐渐不堪重负，因为他总是会担心别人看到他不聪明的一面，所以做事情就会畏首畏尾，遇到困难就想要直接放弃。

而父母夸孩子努力，则是在鼓励孩子用“成长的心态”看待自己，因为没有人天生就会努力，努力是后天形成的结果，是可以不断增加的东西。当孩子经常被父母称赞努力时，他们不但不会产生压力，还会想办法让自己变得更好。当他们遇到挑战时，

内心会产生一种“我只要努力就能做到”的掌控感，所以他们更愿意去尝试更有难度的挑战。

中国著名的家庭教育专家周弘，因“赏识教育法”而名扬全国。周弘第一次让女儿婷婷做应用题时，10道题里面婷婷只做对了1道。当婷婷一脸沮丧地拿着题给周弘看时，周弘没有像一般的家长那样表现得很失望，也没有在孩子错的地方打叉，而是在对的地方打了一个大大的对勾，然后发自肺腑地说：“婷婷，你太棒了！第一次做应用题就对了 1 道。爸爸像你这么大的时候，碰都不敢碰！”

婷婷听了这话，自豪得不得了，越来越爱做题，一次比一次对得多，在升初中的考试当中，数学考了99分。

周弘一句发自肺腑的“你真棒”，改变了一个看似很笨的孩子的一生。同时也向我们展示了如何夸赞孩子才是最有效的，那就是夸的时候一定要真诚，并且内容具体，孩子究竟哪里做得好，什么地方表现得棒，要在夸奖之中明确地指出来。只有这样，孩子才知道该朝着什么样的方向去努力。

孩子的成长道路犹如跑道和战场，父母应为他们多喊“加油”，高呼“孩子，你真棒”，哪怕孩子一千次跌倒，也要坚信他第一千零一次能站起来。

成为父母不需要考试，但需要学习

人的一生似乎都在经历种种考试，上小学时每个学期都要考试，上了高中几乎每个月都有考试，上大学要考试，大学毕业后找工作也需要考试，虽然考试的内容与形式会产生一些变化，但是考试的核心却从来没有变过，都是检测一个人在某一方面是否达标合格。

然而悲哀的是，成为父母却不需要考试。这就意味着有的人可以将孩子教育得很好，而有的人却因为自己的不足，影响了孩子的一生。那些被教育得很好的孩子，他们身上几乎都有一个特点，那就是父母善于学习。

小柔是一个非常优秀的女孩子，不但学习成绩优异，还多次获得过国家书画大赛的奖项。别人问她为何如此优秀时，她的回答是，因为她有一个“奇葩”奶奶。

别的老人家到了 80 岁不是坐在巷子口打纸牌，就是坐在家里看电视，而她的奶奶却仍旧在学习，尤其喜欢做奥数题。年轻时的奶奶本就是一个爱学习的人，小柔上了小学以后，她的数学题都是由奶奶辅导，平时也是奶奶陪着她一起去辅导班学习，有时候奶奶还会和老师们一起谈论题目。

对于孙女的调侃，奶奶说出了自己的见解，老人家说：“我们只是普普通通的技术人才，这个时代发展得太快，只有学习才能与时俱进，每个人都应该活到老学到老。”

虽然我们不用考试就能够成为父母，但是却需要学习，一方面学习更多的文化知识，另一方面学习如何成为更好的父母。因为父母是孩子的领路人，父母的文化修养越高，就越能为孩子带来更多的知识，同时也为孩子立下了学习的榜样；学习如何成为更好的父母，是因为我们每个人都是不完美的，但是却想让孩子

“青出于蓝而胜于蓝”，所以才需要努力学习，去弥补自己在教育孩子的过程中所产生的不足之处。

文英是家中的二女儿，上面有一个姐姐，下面有一个弟弟。而父母本能地迁就大女儿宠爱小儿子，夹在中间的文英成了“被遗忘的角落”。

有一天早晨，妈妈在做早点时发现家里只有两个鸡蛋了，于是有些为难地看着文英，文英瞬间明白了妈妈的意思连忙说道：“我不吃了。”结果姐姐和弟弟一人一个煎蛋，文英却只能吃自

己不喜欢吃的豆腐乳。还有一次，邻居送给文英家一只炸鸡，姐姐和弟弟都争着要鸡腿吃，于是妈妈掰下了一只鸡腿给了弟弟，另一只鸡腿给了姐姐，然后给了文英鸡翅膀。文英很失望，但是她却没有说出口。

就是因为文英一直都表现出很懂事的样子，所以在家里爸爸妈妈凡事都最后考虑她，就连过生日都要跟姐姐一起过，等姐姐吹完蜡烛，拔掉两根，再给她唱一遍生日歌。年年都是如此，尽管文英心中一直十分渴望能够独自过一次生日。但是父母为了节约开支，每次都选择了委屈文英，只因为文英比姐姐更加懂事听话。

终于在一次过生日中，文英再也忍受不了了，她哭着说出了自己的委屈，让父母认识到了自己的错误。为了弥补文英，爸爸特地重新买了一个蛋糕给文英道歉，希望文英能够体谅他们第一次为人父母做得不周到的地方，以后他会努力做一个好父亲。父亲的话，让委屈了多年的文英忍不住红了眼眶。

在做父母的路上，每个人都是摸索着前进，但孩子的成长却不会给我们重来一次的机会，决定了我们一旦犯错就会造成难以挽回的局面，唯有兢兢业业、勤勤恳恳地学习如何做父母，才不会在孩子的成长过程中掉队。

孩子的问题，答案在父母身上

孩子的成长离不开家庭环境的制约，瑞士心理学家荣格曾说过："原生家庭对家里子女的影响越深刻，子女长大之后就越倾向于按照幼年时小小的世界观来观察和感受成年人的大世界。"

我们中国也有一句谚语："龙生龙，凤生凤，老鼠的孩子会打洞。"这句谚语对老鼠没有任何的诋毁之意，旨在说明家庭环境对孩子成长的影响，甚至可以说"父母是原件，孩子是复印件"。

有一位母亲，每天晚上都会强迫孩子喝牛奶，孩子已经15岁了，依旧被逼着喝牛奶。如果孩子不愿意喝，她就会想尽各种办法让孩子喝下去，即便经常有很多更重要的事情等着她去做，但她依旧认为当下最迫切的事情就是让孩子把奶喝完。

有一次，孩子因为不想喝，所以磨磨唧唧了很久，这位母亲一下子爆发了，在争吵中，孩子哭着问她："我不喜欢喝牛奶，你为什么天天都要逼着我喝牛奶？"是啊，为什么呢？这位母亲一下子陷入到了沉思当中。

经过一晚上的思考，她发现自己并不是十分在意孩子是否喝牛奶这件事，却不由自主地这样选择了，因为她就是这样长大的，从小每天都必须喝一杯牛奶，就算她某天不愿意喝，也会在父母的威逼利诱下喝下去，所以现在她认为她的孩子也理所应当这样做。

想通了这一点，这位母亲忽然就释怀了，她不再逼着孩子喝牛奶了。孩子身上出现的种种问题，或好或坏，都能从其父母身上找到原因。哪怕这个孩子已经成为成年人了，如果他不去质疑自己的直觉，也不会分辨出到底是自己想要这样去做，还是在无意间复刻父母的行为。

孩子成长的每一个瞬间，都在观察和效仿父母。即使是自己内心深处觉得父母做得不妥当，甚至是自己讨厌的做法，也会在大脑中形成潜意识，觉得这样也是一种处理问题的方式。有的人很幸运，能够在成长过程中察觉到这个问题，并通过自己的努力走出原生家庭的桎梏，但有的人却没有这般幸运，可能终其一生都在家庭留下的阴影中兜兜转转。

人人都知道达·芬奇是一个天才画家，在艺术、数学、建筑、生理等多方面取得了极高的成就，但是很少人知道他是一个内心不健全的人。

原因还要从达·芬奇幼年时说起。达·芬奇的父亲是一名公证员，母亲只是家里雇用的农妇，阶级之间的差距导致他们二人既无法结为夫妇，也无法拥有更多的共同语言。达·芬奇出生没多久，他的父亲很快就抛弃了他的母亲，跟一位达官贵族女子结了婚，而母亲则嫁给了一个喜欢酗酒的面包师。

之后，父亲又结了几次婚，但是无一例外，每一任妻子都不喜欢达·芬奇，而父亲对达·芬奇也十分冷漠。缺少母亲的陪伴，又得不到父亲的重视，达·芬奇的童年时光在孤独与漠视中度过。后来达·芬奇的画作中，出现了很多美丽、端庄、娴静的女性，对此，著名的心理学大师弗洛伊德分析道：“这是达·芬奇内心对母爱的渴望，他将自己可望而又不可得的母爱，体现在了自己的画作中。”但在现实生活中，达·芬奇十分厌恶女性，以至于他终身未婚。

可见，就算是天才，也逃不过父母之爱缺失所带来的伤害。可见父母对孩子性格的影响是多么深远。每个人在出生时，都是一张白纸，最后人们却演绎出了人生的千姿百态，这张白纸上的每一道笔画，都是由曾经的原生家庭刻画出来的。

一个从父母感情不和的家庭中走出来的孩子，大概率也经营不好的自己的婚姻，一个从父母脾气暴躁的家庭中走出来的孩子，通常也学不会控制自己的情绪。鸡窝里也有可能飞出凤凰来，但是概率小得不能再小，但是凤凰窝里一定会飞出凤凰，这是毋庸置疑的事情。

所以身为父母，我们要极力为孩子营造出一个良好的生长环境，不一定要物质上多么的丰厚，但是一定要有温情、有真情。就如著名诗人歌德在阅尽人间繁华与悲苦后所说的话，“无论是国王还是农夫，家庭和睦是最幸福的”。

想要孩子改变，父母要首先做出改变

在育儿的过程中，父母做得最无用最可笑的事情，就是明明自己碌碌无为，却绑架着孩子必须成龙成凤，甚至有的父母为了让孩子出人头地，还会放弃自己的人生目标，只为了给孩子最好的资源，但最终换来的却是孩子的慵懒和抵触。

父母总认为能够凭借自己的一己之力，完全改变孩子，但实际上，我们除了改变自己以外却无法改变任何人，就算是自己的孩子也是如此。因此，我们想要孩子做出改变，首先自己要做出改变，我们希望孩子成为一个什么样的人，自己就先要成为那样的人。

2020 年的一场疫情，让人们认识了一位名叫钟南山的老人，这位 80 多岁的老人在疫情最严重的时候，在大年夜合家欢聚的时刻，连夜坐车赶到了武汉。很多过来人都记得，当年非典疫情肆虐的时候，也是他冲锋在前，并要求将重病患者都送到他那里去。

优秀的人并不是生来就优秀，而是他们的成长环境塑造了他

们的优秀。钟南山的父亲钟世藩，是我国著名儿科医学专家，他用自己的行为谱写着“医者仁心”四个字。

对待病人，钟父从来都是尽心尽责。有时候已经下班了，碰上病人来看病，他也会立刻重新返回到岗位上；有的孩子太小，无法到医院就诊，他就会上门诊断；填写病例时，从来都是认认真真，一笔一画地写，无论是医生还是病人，都能够看得清楚明白；能给病人少用药，就绝不为了自己的收入多用药，能给病人用便宜的药，就绝不会开昂贵的药。

即使已经到了70岁高龄，眼睛几乎失明，身体遭受着病痛的情况下，钟父还编写了儿科著作《儿科疾病鉴别诊断》，全书有50多万字。钟父给钟南山带来了很大的影响，让钟南山看到，一名医生既能救死扶伤，又能得到他人的尊重。

钟南山从医后，曾遇到过一个尿血厉害的小孩，钟南山当下判断孩子应该是结核，钟父听了，问他：“你怎么知道她是结核？”一句话问得钟南山哑口无言，因为尿血可能是结核，还可能是炎症。

后来又有一次，钟南山独自看诊，因为诊断失误，差一点儿造成一个小女孩发生性命危险，这一次错误，让钟南山终生难忘。这时，他才明白过来父亲说的那句：“医者人命，没有十足的证据，不可轻下判断。”父亲对待医学的严谨态度，给钟南山上了生动的一课，让他在今后的从医道路上不敢再有一丝大意。

在钟南山的记忆中，钟父的话语很少，很少给他讲一些为人处世的大道理，但是父亲身上的品质通过一言一行深深地刻入到了钟南山的骨子里，使他最终也成了像父亲一样的人。

后来钟南山也做了父亲，有了一双儿女。在一次采访中，女儿说："我非常敬重我的爸爸，从他身上我学会了怎么做人，他待人非常好，他像对待家人一样对待病友，有时候甚至比家人都好。"

钟南山从父亲那里传承来的优良传统，现在传承到了自己孩子的身上，无论是他的儿子还是女儿都十分优秀，并在各自擅长的领域里，认真、低调、务实地工作着、生活着。

我国古代大教育家孔子曾说过："欲教子先正其身。其身正，有令则行；其身不正，虽令不从。"父母的言谈举止，犹如一本没有文字的教科书。在孩子面前，父母从思想品德到生活小节，都没有小事。父母做不到的事情，却要求孩子做到，孩子即使照做了，也是敷衍的，心里是不服气的；如果父母做到了，不用言语，孩子自然会照着做。

优秀的家长，从来都不是致力于将孩子改造成自己期望的样子，而是永远都在做孩子的榜样。他们想教会孩子什么，首先自己就会先做到什么。他们会在成为父母后，更加努力地去生活，让自己变得更好，等孩子长大懂事以后，能够对自己敬爱有加，能够用自己身上的品质去影响孩子。

第六章

父母对待人生的态度，藏着孩子未来的高度

人生百态，有的人活得富有而幸福，有的人活得拘谨又枯燥，究其原因，在于每个人对待人生的态度不同。父母对待人生乐观自信，那么孩子的一生也会阳光明媚。父母对待人生消极悲观，那么孩子的一生就会乌云密布。因为为人处世的态度不同，所以人生的成败也不同。同样的世界，却有不同的人生，关键就在于我们对待人生的态度。

自己的命运，自己说了算

中科院博士黄国平曾说过这样一句话："我们终究是命运的博弈者，虽然起点被安排得明明白白，但是终点由我不由天。"

黄国平出生在一个偏远的小山村中，家中只有一间破败老房，到了冬天房子四面透风，只能抹上和着稀泥的稻草来抵御风寒。一家人唯一的收入来源，就是门外的三亩庄稼地，家里的孩子连鞋都穿不起，只能光着脚走路。

等黄国平稍微长大一些，便背起竹篓到河里捉黄鳝，别的孩子捉鱼是为了玩，而他捉鱼是为了卖钱换粮食吃。即便他这样努力地生活着，生活也没有眷顾他。在他 12 岁那年，母亲离家出走，17 岁那年父亲又因车祸去世了，无法忍受丧子之痛的奶奶也在同一年离开了他，此时的他正面临着高考。

面对着接连的打击，黄国平只能拼命地学习，他知道只有学习，才能让他摆脱现状，远离贫困。在无数个难熬的夜晚，都是一盏煤油灯伴着书本陪伴着他度过。终于，他考上了西南大学，然后又顺利地考上了中科院的硕博连读。

黄国平以为自己站到了人生的巅峰，但现实却给了他狠狠一击。到了中科院后，黄国平才发现周围全是优秀的人才，他以为自己已经足够优秀，结果到了这里只能垫底。每次作报告，他连个句子都讲不完整，时常被导师批评。

这再一次激起了黄国平的斗志，别人越是说他不行，那他就越要行一个给他人看看。于是在北京的5年时间里，他没有过一次周末和节假日，只要一有空就坐在电脑前写代码。在他不懈的努力之下，他顺利地博士毕业，引来了旁人羡慕的眼光。

别人不知道黄国平为了这份荣光，背后付出了多少努力，他只是想用行动告诉旁人，虽然人不能选择自己的命运，但是可以改变自己的命运。他不能选择自己出生在哪里，却可以选择自己最终走向哪里。

在回到母校做演讲时，黄国平这样跟自己的学弟学妹们说："学弟学妹们，我希望你们能在狂风暴雨中跌跌撞撞地前行，坚持做命运的博弈者，不轻易认输，待雨停后，挥挥衣袖，擦干泪水和雨水，继续向前走。"

运气不好，命运不公，只是那些不愿意继续奋斗的人选择向生活低头时为自己找的借口。我们要坚信，只要奋力拼搏，就一定能够挣脱所谓的命运的束缚，迎来不一样的人生。

小童的父母都是普通的工人，在那个年代，普通人家的孩子根本学不起钢琴，但小童偏偏爱上了钢琴。当小童对父母说"我想学习弹钢琴"时，妈妈对她说："咱家的条件学不起钢琴，你就别存这个心了。"

小童听了妈妈的话，没有再为难妈妈，却依旧没有放弃内心的想法。她发现学校里有一架钢琴，再三鼓起勇气后，小童向老师说出了自己的想法，能不能趁没人的时候，让自己去弹一弹那台钢琴。老师觉得这不符合学校的规定，但又不忍心回绝小童。正好自己家中有钢琴，就邀请小童去她家里弹琴，每个周六下午可以去弹两个小时。

就这样，小童瞒着父母，悄悄在老师家里练起琴来，这一练，就练了七八年。高三填报志愿的时候，她想报考音乐专业，父母对她说："咱们这样的人家，别说你考不上，就是你学出来了，又能怎样呢？找不到工作，不等于白学吗？还是认清现实，选一个务实点的专业，毕了业好找工作。"同时，父母还发动了全家人来当小童的说客，希望她放弃不切实际的梦想。

没有得到父母的支持，小童也没有半途而废，她用自己积攒的压岁钱，交了艺考的费用，用仅剩的400元钱，报考了四所音乐院校。最后录取通知书下来的时候，全家人都惊呆了，他们想不到小童竟然考上了。

毕业后，小童成为了一名音乐教师，每当看到热爱音乐的孩子时，她总能想起曾经那个"不认命"的自己。

有远见的父母，他们会告诉孩子"自己的命运自己把握"这个道理。只有父母将这种大格局灌输到孩子的脑海里，孩子才能不管出身如何，都能够做到不活在别人的嘴里，也不活在别人的眼里，将自己的命运牢牢地掌握在自己的手里。

乐观，是孩子最大的人生财富

俗话说：“爱笑的人运气不会差。”父母们都希望自己的孩子能够拥有乐观的生活态度，因为一个积极乐观的孩子，对生活中的任何事情都会有自己的判断，他们更容易沟通，在生活和学习中也会更有自信，更愿意想方设法去解决问题。

有人认为：乐观是一个人的天性使然。实则不然，乐观更多的是一种能力，一种能够帮助自己获得幸福生活的重要能力。而这种能力的培养更多来自父母的言传身教，父母对孩子的影响潜移默化的。所以说要想孩子阳光、自信、乐观，父母就要先成为乐观的人，不要将悲观的情绪传递给孩子。

陈晴经常跟别人分享她小时候被妈妈“骗”的经历。小时候，陈晴的父母离了婚，陈晴跟着妈妈生活，没有住处的娘俩只能住在妈妈工作的米仓里。米仓里有很多老鼠，尤其是到了晚上睡觉的时候，老鼠啃咬东西的声音，听起来让人毛骨悚然，让陈晴感到很害怕。妈妈见状，便对她说：“米仓里的老鼠晚上会给乖乖睡觉的小孩子送来糖果。”

陈晴半信半疑，但是当她乖乖睡了一觉醒来后，发现在她的枕头边有一颗彩色的糖果。从那以后，陈晴不再害怕夜里老鼠发出来的声音，并且回忆起这段时光时，也没有觉得住在米仓是多么艰苦的一件事。时至今日，陈晴回忆起这段往事时，依旧很感谢母亲，用一个美丽的谎言，让艰苦的生活中有了一丝丝甜甜的回忆。

心态乐观的人，不管到了什么地方，遇到了多么糟糕的情况，他们眼中看到的、心里想到的永远都是好的一面。而悲观的人，即便是在一个良好的环境中，他们想到也是坏的一面，认为不好的事情早晚会来，以至于他们根本无心投入当下美好的生活中。

就好比两个人同时从窗户望出去，乐观的人看到的是满天的繁星，感受的是无比的快乐，以及对生活充满了希望和美好的向往；而悲观的人看到的却是地上灰暗的泥土，感到的是痛苦万分和悲观绝望。看待问题的思维和心态不同，所遇到的结果也会大相径庭。

意大利的著名导演罗伯托·贝尼尼的经典之作《美丽人生》，讲述了一个善良乐观的犹太人爱上了一位美丽的意大利教师的故事，故事中两个人克服了重重困难走到了一起，并生下了一个可爱的儿子。

但幸福的日子并没有过多久，第二次世界大战爆发了，父子二人因为是犹太人被关进了集中营，母亲不忍心与丈夫和孩子分离，毅然决然地跟随着他们一起前往了集中营。进入了集中营就意味着他们的生命随时可能被死神带走。为了安抚年幼的孩子，父亲对儿子说："我们现在玩一个游戏，这个游戏只有最勇敢的孩子能胜出。游戏的规则是，无论自己有多饿都不能哭，并且每天都要藏起来，不能让别人发现。每成功一次就会获得相应的积分奖励，最先获得 1000 积分奖励的人，就可以兑换一辆真正的坦克作为奖励。"

天真的孩子信以为真，并且每天在这个游戏中过得乐此不疲。最后父亲为了找到孩子的母亲，死在了敌人的枪下，孩子却因为听了父亲的话躲藏了起来，最后被美国士兵救下，并最终与母亲团聚了。

在这个电影故事中，即便在如此险恶的生存环境中下，父亲还是用自己的乐观与智慧，保住了孩子的性命，也在孩子心中点亮了一盏通往美好生活的灯塔。假如父亲悲观失望，整日抱着孩子以泪洗面，那相信孩子的命运应该与大多数人无异了。

孩子若是拥有了乐观豁达的人生态度，那他们就等于拥有了人生的一大财富。生活给予每一个人的经历与磨砺是不同的，而乐观豁达的孩子，总能从绝望中看到希望，从黑暗中找到光亮，他们会用乐观战胜悲观，用开朗、乐观的情绪支配自己的生命。

好习惯造就孩子，坏习惯毁掉孩子

我国教育家陈鹤琴先生说过："习惯养得好，终生受其益，习惯养不好，终生受其累。"简单来说，就是好习惯成就一生，坏习惯毁掉一生，所以有远见的父母会从孩子幼年时期，就重视起对孩子良好习惯的培养了。

良好的习惯，会让孩子成为一个自律的人，而只有自律的人，才能拥有自由的人生。因为越是自律的人，越会管理时间，他们拥有极强的时间观念，善于把时间用在刀刃上，做到效率最大化。

但每当谈起孩子的自律问题时，父母都会感到十分苦恼，因为孩子们好像并不知道“自律”为何物？规定好了只能看一个小时的手机，但是不到父母提醒，孩子绝对做不到主动放下手机；明明已经到了上床睡觉的时间，却依旧不肯去洗漱，要父母反复强调多次，才肯懒洋洋地走进卫生间……

有的父母管着管着便不再管了，任由孩子自由发展，将希望寄托在以后，认为孩子长大后，就会变得有自制力了。但事实上却是，习惯这件事情不是说有就有的，也不是说改就能改掉的。永远不要指望孩子随着成长自然就懂得自律，一个孩子将来的行为自律，依赖于父母最开始对他的管教和监督，也就是他律。

孩子首先要养成机械式的习惯，通过机械式的习惯带来好的结果，让孩子产生成就感。当孩子感受到自律带来的收获和赞赏时，他就会愿意继续自律下去，从此进入到正向循环当中。可以说，培养孩子的自律，越早开始越好。

马特·卡茨是谷歌的高级工程师。早期的他不是一个自律的人，作息时间不规律，饮食方式也不健康。当他的身材变得油腻肥胖，身体健康状况也开始下降时，他下定决心改变自己。为此他给自己定下了一个为期 30 天的改变计划，每天做一些之前未能坚持做下去的事情。

在他的计划内，他每天要骑自行车上班，每天要步行 10000 步，每天要拍一张照片，然后还要写一本 5 万字的小说，不再吃糖，不玩推特，不喝咖啡，不看电视。

这些事情他以前也曾尝试着做过，但是总是因为各种各样的原因没能坚持下去。就拿喝咖啡这件事情来说吧，之前每天下午喝一杯咖啡，已经成为他的工作习惯，这可以让他精神百倍地投入下午的工作当中去。

但同时也让他在夜晚来临时无心睡眠，这样就形成了一个恶性循环。晚上很晚才睡，早晨早早起床去上班，中午感到疲惫时喝一杯咖啡，然后再次熬夜到深夜。

每当他想要改掉这个生活习惯时，总会出现一些意外，比如：某项工作必须要在当天完成，他必须加班熬夜赶出来，这样一来

他就再次进入了这个循环当中。

自律本身就是一件艰苦的事情，很多人最初的自律，往往是靠激情燃起雄心壮志，靠压制欲望进行自我管理。这意味着马特·卡茨每天都需要和自己的天性作斗争，但这一次马特·卡茨咬着牙坚持了下来。可以说，在这个过程中他充满了痛苦，可是30天后，昔日那个肥腻的宅男工程师不见了。

因为每天运动，他的身材变得更加健壮有型；因为早睡早起，他一整天都精神抖擞；因为不看电视不玩推特，使他将更多的精力投入到了工作当中，工作效率也高了不少。更重要的是，他开始发自内心地喜欢上骑自行车去工作这件事。曾经不爱出门、不爱运动的他，甚至完成了非洲最高峰乞力马扎罗山的远足。

自律让马特·卡茨产生了翻天覆地般的变化，也让他拥有了更加高质量的生活。当一个人缺乏自律的时候，他做的事情总是受到习惯和诱惑的影响，要么就是被他人的思想观念所扰，几乎永远不可能去做内心真正渴望的事。而当一个人开始自律时，他就有能力屏蔽掉那些会对他产生影响的因素，从而用自己的思想控制身体，完成每一件自己想要完成的事情。

自律的养成，不是一件容易的事情。因为自我约束，约束的是欲望，这对于成年人来说都是颇为不易的事情，而对于孩子而言就更加不容易了。这期间，不仅仅需要孩子的坚持，也需要父母坚持下去。

从小就跟孩子谈谈钱

在现在的家庭中，孩子大多是在蜜罐中长大，过着衣来伸手、饭来张口的生活。当他们想要某种东西时，父母会选择尽量去满足孩子，所以现在很多孩子不懂得金钱的来之不易，也不懂得如何对金钱进行合理分配，真正做到了“视金钱为粪土”。

有的父母觉得，金钱代表着世俗，而孩子的心灵是天真无邪的，因此不想早早在孩子的心灵中灌输进世俗的观念。也有的父母认为，自己辛辛苦苦挣钱，就是为了给孩子花的，所以不想让孩子从小为了钱的事情伤脑筋。

在《穷爸爸富爸爸》一书中，有一句话十分深入人心：“即使你不教孩子金钱的知识，将来也有其他人取代你来教，这个人也许是债主，也许是奸商，也许是警察，也许是骗子。”这句看似像是心灵鸡汤的话，揭示了一个很现实的问题，那就是如何使用金钱也是一门学问，不懂这门学问，长大后要么过得穷困潦倒，要么为了钱不择手段，无论是哪一种，相信都不是父母愿意看到的情景。

程毅是一个青年作家，他的一本书卖出了100万的版税，大家纷纷祝贺他成为了一名富豪，没想到两年后，他就变成“负豪”。

原因在于，程毅在得到人生的第一桶金后，没有听人劝阻买房置地，而是选择了投资。由于他缺少投资经验，第一年就赔进了近一半的身家。这时，身边又有人劝说他，别错过继续出版作品的好机会，趁着名气还在，赶紧继续写稿，继续挣钱。然而程毅认为，他已经凭借写稿子过上了丰足的生活，没有必要再过以前的人生，并且他还沉浸在“一夜暴富”的假想中，期望通过投资，实现身家倍长。

然而，第一次赔钱并没有让程毅增长经验，他反而更加执着于挣大钱，就这样，剩下的一半身家很快又赔光了。这时，程毅

想到了继续写稿挣钱，可是短短两年的时间里，他的文风早已被他人模仿了，从之前炙手可热的新锐青年作家，变成了再普通不过的作者之一，他再也找不回当初的风光了。

从人生的角度来说，程毅的选择没有错，一个人坚持选择自己想做的事业，这是十分难能可贵的；但是从投资理财的角度来说，程毅的每一步选择都是错误的，在毫无经验的情况下贸然投资，在亏损以后，又没有及时止损。就连程毅自己都说，他是投资界的“避雷针”，关于投资的事，大家千万不能跟他学。

俗话说：“吃不穷，穿不穷，不会算计要受穷。”这里的“算计”，指的就是人的理财能力。有远见的父母，会在孩子很小的时候，就开始跟孩子谈钱，帮孩子建立起理财的观念。美国 SurveyMoney 一项对 2000 人的财富调查显示，37% 的人，他们的金钱观影响源自父母。程毅的爷爷奶奶都是地地道道的农民，父亲在老家报社工作，母亲只是一个普通的医生。而程毅小时候接受的更多是文学的教育，在金钱的教育上很少，也促使他错过了成为富豪的良机。

我们既不能让孩子视金钱为粪土，因为一分钱也会难倒英雄汉，也不能让孩子挥金如土，因为人们挣钱的目的不仅仅是为了享乐。马克·吐温曾说：“如果你懂得使用，金钱是一个好奴仆，如果你不懂得使用，它就变成你的主人。”所以，比尔·盖茨、巴菲特等人，他们虽然很富有，但是不会留给孩子大量的钱财，而是选择从小树立孩子的金钱观，因为只有教会孩子挣钱、攒钱，孩子才会有享受不完的财富。

在一次采访中，巴菲特被问道："孩子从几岁开始，父母应该和他们讲金钱和投资？"

巴菲特回答道："越早越好。"

这是巴菲特从自身的成长中总结出来的经验。巴菲特 6 岁的时候，就会拿着口香糖挨家挨户去售卖了。除此之外，他还尝试过各种不同的兼职工作，虽然赚的钱不多，但是巴菲特却十分擅长管理这些钱财，到他高中毕业后，他已经攒下了 5000 美元。

从小学会理财和积攒，这就是一堂非常重要的财富教育课。懂得如何支配金钱的孩子，也会是一个懂得支配人生的人。因此从孩子还小的时候，我们就应该教他们认识钱，让孩子知道钱是怎么来的。等到孩子长大一些，可以自己拥有零花钱的时候，我们就要给孩子做好规划，让孩子清楚自己的每一笔钱做了什么，钱是怎么从他手里消失的？而这种习惯会让孩子减少因为一时兴起而产生的不必要开销。

从小给孩子做好财商教育，告诉孩子："君子爱财，取之有道，视之有度，用之有节。"这对孩子的成长是非常有帮助的。

不要做“负能量”的父母

父母对待生活的态度，影响着孩子对待生活的态度。父母是积极乐观的，那孩子也充满了正能量，相反，若是父母整日抱怨生活中的不顺，那么孩子在遇到不顺心的事时，也会选择用抱怨的方式来发泄情绪。

美国著名作家威尔·鲍温在《不抱怨的世界》一书中写道：“抱怨不但不能解决任何问题，还会将人们困于问题当中，使他们沉浸在失意、沮丧中无法自拔。”而负能量是会传染的，父母整日与孩子朝夕相处，孩子成了父母负能量最直接的“受害者”。孩子活在这种生活里，不仅压抑，不快乐，还模仿了父母的抱怨。

在知乎上，有一个患有“幽闭恐惧症”的女孩，分享了她童年时期的故事。女孩名叫倩宝，在她很小的时候，妈妈就跟爸爸离婚了，然后妈妈带着她又嫁了人。

继父不喜欢倩宝，总是找茬批评她。渐渐地，倩宝在母亲眼中便成了一个“拖油瓶”般的存在。每次母亲心有不快，倩宝就成了母亲发泄情绪的唯一渠道。

“我怎么就生了你这样一个扫把星？自从生了你，我的生活就开始不顺，离婚、再婚都是因为你。”这是母亲对倩宝说得最多的一句话，倩宝每次听了，都觉得自己“罪孽深重”。

后来继父做生意失败，倩宝的日子更加不好过了。继父每天回家后，就开始抱怨命运不公平，从街边摆地摊的小贩，再到倩宝母女，只要是继父接触过的人，在他的眼睛里都是一无是处，都是让他生活陷入困境的始作俑者。

有时候，倩宝需要买个本子之类的学习用品，母亲都会说：“你一天到晚就知道花钱，我辛辛苦苦挣点钱都让你浪费了，你就不知道省着点？”就算逢年过节，母亲主动给倩宝买新衣服，也会在买的时候叨叨不停：“养你可真费钱呀！你以后可得长本事孝敬我，要不然对不起我把你养大。”

有一次，母亲和继父吵了起来，声音大到将熟睡的倩宝吵醒了。倩宝就在黑暗的房间里，听着门外越来越大的争吵声、砸东西的声音、扭打在一起的声音，她被吓得瑟瑟发抖，不敢开灯，也不敢出去，就那样熬到了天亮。

长大后，倩宝终于离开了曾经的家庭，但是家庭留给她的阴影却依旧存在。在生活中遇到不顺心的事情时，她也开始抱怨，许多朋友和同事因为感觉她浑身充满了负能量，渐渐远离了她。这样使得本身就有些自卑的倩宝更加自卑了，渐渐发展到在别人面前连话都不敢说的地步。

对于很多人来说，生活确实不易，但是这并不是我们对着孩子抱怨的理由。父母不能只顾着释放自己的坏情绪，却丝毫不考虑孩子的感受。家庭的不幸是会遗传的，父母对于生活的抱怨，无形之中给孩子的成长织下厚重的压力之网，使得孩子过早地感受到生活的辛酸和沉重，为孩子的未来发展埋下了“炸弹”。

因此，纵使生活有千般不易，父母也不应该将对生活的不满带给孩子，如果我们希望孩子成为一个乐观积极、情绪稳定的人，就要将自己在生活与工作中遇到的不快统统关在自己家门外，将微笑与快乐带回家。

一篇名为《把笑容带回家》的文章中讲道，孩子没有考上高中，需要交8000元才能上高中。母亲正在为学费发愁时，父亲回来了，对母亲说他下岗了。

母亲一听就哭了起来，当孩子表示自己不上高中时，父亲却笑呵呵地表示，他会马上去找工作的。从第二天开始，父亲每天清晨出门，晚上才回来，每次回来脸上都挂着微笑，尽管工作一直没有着落，但每次都会安慰家中的母子，说工作就快找好了。

后来父亲决定自己干，每天骑着三轮车走街串巷地给别人送货。有一次他在送货途中翻车了，摔坏了车上拉着的电冰箱，正巧孩子放学看到了这一幕，看到父亲坐在地上一手摸着冰箱，一手抹着眼泪。孩子连忙跑回家叫母亲来，但是等母子二人赶到时，父亲已经不在那里了。等到晚上回了家，父亲依旧是笑呵呵的模样，完全不提白天时所遇到的不快。

父亲的行为深深感染了孩子，每当孩子在学习上遇到困难时，就会想到父亲每天进门时那张笑嘻嘻的脸，这让他觉得一切困难都不再是困难了。就这样，孩子以优异的成绩考上了大学。

无论何时，乐观积极的态度都要比怨天尤人更管用，抱怨无法为我们解决任何事情，但是乐观和积极却可以让我们信心百倍地面对困难，从心理上战胜困难。只有父母面对生活时不抱怨，孩子才能学会用更多的激情面对现状，在遇到问题时，寻找更多的方法获得突破，而不是成为一个成日里只知怨天尤人的人。

仪式感，让孩子拥有幸福的能力

中国是一个比较注重仪式感的国家，从婚礼、节日到各种祭拜活动，都是中国人富有仪式感的表现。其实不仅仅是一些特殊的日子里需要仪式感，日常生活中也要有一些仪式感，尤其是在育儿的过程中，仪式感可以让孩子感受到来自生活中的幸福感，为孩子带来创造幸福的能力。

安徽阜阳有一个爸爸，在女儿4周岁这天，用气球和彩灯将自己开的货车车厢改造成“梦幻乐园”，然后将车停在了家门口。等女儿出来时，爸爸将后车门打开，女儿看见车厢内挂满了粉红色的气球，中间放着一个精美的洋娃娃，宛若进入了“童话世界”一般。上了车后，女儿就直奔自己最喜欢的洋娃娃而去，脸上的幸福与快乐藏也藏不住。

这位爸爸是一名货车司机，每天早出晚归地工作，但是在女儿生日的这一天，他还是抽空给女儿准备了这样一份特别的生日礼物。女儿这辈子会过很多个生日，以后也会收到更加贵重的生日礼物，但是相信她永远会记住这个生日给她带来的幸福感。

或许有的父母认为，孩子那么小，没有必要这样大张旗鼓地花费时间和精力为孩子过生日。但是普通的日子天天都过，若是日子每天都如水一样平淡，那人生还有什么可期待的呢？

电影《小王子》里有一段话，十分耐人寻味。当小王子问狐狸什么是“仪式”时，狐狸回答道：“仪式就是使某个日子区别

于其他日子，使某一时刻不同于其他时刻。”因为仪式，让波澜不惊的日子里，多了些许期待和向往，就像是淡然无味的白开水中加入了蜜糖，让日子有了一丝丝甜甜的味道。

父母在生活中具有仪式感，那带给孩子的幸福感是源源不断的。每个在童年时期充满了仪式感的孩子，长大后会更有底气和安全感，会用真诚的态度去面对生活。

小男孩吉奥因为出生时护士的错误操作，导致生下来后面部有缺陷，十分骇人。因此，他不得不戴上头盔去上学。为了不使吉奥为此感到自卑，在第一天上学时，父亲特意穿上了崭新的西装去送他上学，只为让他记住这个特别的日子。

在学校里，吉奥因为身体缺陷，经常被同学嘲笑。但是姐姐却在他每次戴上头盔时，说他的头盔是“太空盔”，别人都没有，只有他有，所以他是上帝眷顾的幸运儿。这使吉奥觉得戴上头盔，也是一件值得骄傲的事情。

吉奥毕业的那一天，父亲为他准备了一套崭新的西装，站在一群孩子中间，吉奥成了那个最引人注目的毕业生。在父母和姐姐的鼓励下，吉奥渐渐走出了心里的壁垒，变得自信坚强，还拥有了很多的朋友。

心理学上有个现象，叫“心锚效应”，即人内心的某一心情与某一行为或表情产生链接，所产生的条件反射。也许只是在孩子开始上学的前一天，给孩子拍下一张纪念的照片，很普通也很简单，但是却符合孩子的心锚，让孩子从中感受到来自父母的重视，这样他们在不知不觉间，就会拥有感知幸福的能力，就学会了表达爱。

仪式感就是能让平凡的日子变得闪闪发光的东西，它能够不断地给孩子输送自我暗示，让他们用庄重而认真的态度去对待生活里的每一件事情。真正好的教育，不是上多贵的学校，穿多好的衣服，而是对孩子点滴的爱与重视。

豁达的人生，不计较得与失

人的这一生当中，就是生活在得到与失去之间，太在乎得失的人，容易患得患失。但是人生除了生死，其他皆为小事，得到的任何东西都是暂时的，生不带来死不带去，所以父母对生活要做到得之坦然、失之淡然，这样孩子才能学会以一颗豁达的心对待人生。

欧阳修是宋代著名的政治家、文学家，与苏轼等人合称“唐宋八大家”。欧阳修出生在庐陵一户普通的人家，父亲欧阳观是当地的一个小官吏，母亲郑氏是名普通的家庭妇女。虽然家中条件并不十分富裕，但是父亲正直，母亲慈爱，欧阳修的童年过得幸福又快乐。

但好日子不长，在欧阳修4岁的那年，父亲突然病逝，家中生活的重担全部落在了母亲郑氏一人身上。为了生计，母亲不得不带着欧阳修远走他乡投靠亲友。但毕竟亲友的资助是有限的，为了支撑起这个家，母亲白天帮人做活，晚上还要操持家务。

就是在这样艰苦的环境之下，母亲也没有放弃教欧阳修读书。家里穷，买不起纸和笔，上不起学堂，母亲就用荻草秆当笔，铺沙当纸，利用一切空闲的时间教欧阳修练字。闲暇的时候，母亲就给欧阳修讲父亲生前的故事。父亲虽然官职不大，但却是一个心系百姓的好官，为人正直廉洁，从来不为名利做有损人格的事。

母亲的话，就如烙印一般，深深地印在了欧阳修的心里。后来欧阳修长大后，高中进士，也当了官。当时朝廷上很多人赏识欧阳修的才华，想要拉拢他，但是欧阳修记着母亲的教诲，嫉恶如仇，不肯与贪官污吏同流合污，于是便被小人迫害，被贬去遥远的滁州做一个小太守。

欧阳修不怕自己吃苦，但是他不忍心年迈的母亲苦了一辈子，却还要跟着他吃苦。对此，母亲却说："我这辈子，已经过惯苦日子了。只要你做事能对得起良心，日子再苦，当娘的心里也满足。"

母亲的豁达深深地影响了欧阳修，他没有因为被贬就成天怨天尤人，抱怨世道不公，而是醉心于山水之间，自称“醉翁”，一边舒舒服服地过自己的小日子，一边让当地的百姓过上好日子。在欧阳修的治理下，滁州的政治、经济、文化发展得越来越好，一切都是井井有条。

就这样，欧阳修得以升迁，离开了滁州。后来欧阳修做了翰林学士，开始修撰史书。再后来欧阳修的官职越来越大，也成为科考考试的主考官。

纵观欧阳修的人生道路，可谓三起三落，充满了坎坷，但是他从来没有被任何一次困境打倒。有的人从哪里跌倒，就从哪里爬起来，而欧阳修是从哪里跌倒就在哪里躺一会儿，赏赏风景，喝喝酒，作上两首诗歌，顺便再施展一下自己的政治抱负。

在这个世界上，大部分人的骄傲都仅仅是表面功夫，嘴上说着“不在乎”，但心里却早已经绝望了，只有少数人的骄傲是深入了骨髓的，即使是在黑暗中，也能活出属于自己的光，并将世界点亮。而欧阳修就是后者。

如果没有母亲豁达的胸怀，欧阳修也许会因被贬而沉沦，又怎能越挫越勇，让生命之花在逆境中绽放呢？《庄子》里有一句话：“得而不喜，失而不忧。”得到的时候，不要过度开心，失去的时候，也不要过分忧伤，这样内心才不会被得失所牵制，才能够做到无论遇到什么困难，都能够向前看。

安安的父母在她很小的时候就离婚了。父亲只给她们母女留下了两千元，然后就再婚了，从此对她们不闻不问。母亲一个人带着安安，生活很是艰难，为此吃了不少苦，所以年轻时安安十分恨父亲。

后来安安独自创业，成为了事业有成的女强人，母女俩的生活得到了很大的改善。父亲的生活反而变得不好时，安安的内心还曾因此有过短暂的快感，她认为这是父亲的报应。但是母亲却劝安安放下以前的恩怨，因为人要向前看，才能将生活过好。

母亲的豁达影响了安安，她逐渐解开心结，当她不再憎恨父亲时，她收获到了缺失已久的父爱。

比大海更广阔的是天空，比天空更广阔的是人的胸怀。只有父母拥有了宽广的胸怀、豁达的人生态度，才能够不拘泥于短暂的得与失，才能向孩子传递乐观、豁达的人生观，孩子才不会因为一点儿小事就斤斤计较，才能够拥有宽广的胸怀。胸怀大了，世界便也大了。

生命教育，教会孩子热爱生命

曾经有一份报道指出，中国儿童的自杀率居全世界第一，后来被证实这份报道纯属伪造。但是有一个问题父母却必须引起重视，那就是近几年来儿童的自杀人数在不断攀升。

随着信息时代的发展，许多不良信息也进入到孩子们的视线中，那些在生活中遇到不顺就选择自杀的电视场景，给孩子带来很大的负面作用。悲哀的是，孩子们只接收到了这些不良的负面信息，却没有受到相关的生命教育，让孩子们普遍缺少对生命的认知。即便现在已经进入 21 世纪，但大多数孩子依旧不明白什么是生、什么是死。既不知道自己是怎么来到这个世界的，也不知道死亡意味着什么。这使得孩子缺少正确的生命观，将人生看作游戏一般简单，所以他们可以轻易地放弃自己的生命。

在一个不算发达的小山村里，3天之内，有4名小学生轻生，一时间社会上众说纷纭。记者第一时间赶到了当地，经过一番调查，真相才水落石出。

第一名叫青青的小女孩，因为疑似被男生摸了一下胸部，便服用了老鼠药结束了自己的生命。如果说青青自杀是因为在学校

受了委屈，忍受不了周围的闲言碎语后做出的选择，那么同一天和青青一起自杀而未遂的小红，其自杀理由则让人大跌眼镜。

小红自杀的原因，则是因为她和青青是最好的朋友，生要一起生，死也要一起死。当记者问“为什么不害怕死”时，小红回答道：“死亡不可怕，死了就是进入了另一个世界，一个没有烦恼的世界。”

还有另一个同学小亮，在太平间见过青青的遗体后，回家因为被妈妈骂了两句，转身就找了一瓶农药喝了下去。而小亮的朋友小鱼，因为自己的好朋友死了，便也找了一瓶农药，在麦田里喝下了。

这场本不应发生的悲剧，就在于孩子们对生命的认知太浅薄了，丝毫不畏惧生命，也不懂得珍惜生命。孩子为什么如此不怕死，就是因为父母们都欠孩子一堂“死亡教育”课。而缺乏“死亡教育”的孩子，对死亡是无知与好奇的。

著名教育家蒙台梭利说：“死亡教育是生命教育的一部分，只有正确认识了死亡，才能更好地理解生命的意义，更加尊重生命、热爱生活。”

在过去的观念里，死亡是一个很忌讳的话题，若是哪个孩子开玩笑说自己死了，恐怕都会被父母板着脸教训一顿。因为死亡是不吉利的象征，所以能不提便不提，若是非要提起来不可，家长也会编出各种各样的谎话去欺骗孩子。

其实，家长不对孩子进行死亡教育，并不代表孩子们懂得生死。孩子们通过不正当的渠道在潜意识里获得的对死亡的认知，注定是不全面的、偏激的，甚至是畸形的。在没有受过“死亡教育”的孩子眼中，死亡是他们抵抗父母的手段，是逃避惩罚的方式，但是他们唯独缺少对生命的尊重。

所以说，逃避“死亡”这个话题，是解决不了任何问题的。正确的方式，是我们能够正视死亡，并跟孩子好好地聊一聊死亡。

橙子家养了19年的狗狗吉鲁巴死了，女儿小橘子找不到吉鲁巴，便问橙子：“妈妈，吉鲁巴去哪了？”橙子直接告诉小橘子，吉鲁巴已经离开这个世界了，然后说有一天妈妈可能也会离开她。

小橘子听到这个消息后十分难过，她不想妈妈离开她，如果妈妈死掉那她也要死掉。面对伤心的女儿，橙子说，人只有到了一定的年龄才会死去，小橘子还小，那一天离她还有很远很远的距离，而妈妈则希望自己死的那一天能够晚一点儿到来。

最后，小橘子坦然地接受了吉鲁巴的离开，也知道人的生命是有限的，所以在活着的时候，要尽情地享受生活。

只有父母教会了孩子如何面对生命，孩子才能对生命有界限，才能发展形成更加健全的人格。我们对孩子谈“死”，是为了让孩子更加重视“生”，只有孩子认识了死亡，他们才能更好地认识生命。